我国“双一流”高校教师评价改革研究

WOGUO “SHUANGYILIU” GAOXIAO JIAOSHI PINGJIA GAIGE YANJIU

陈京京 著

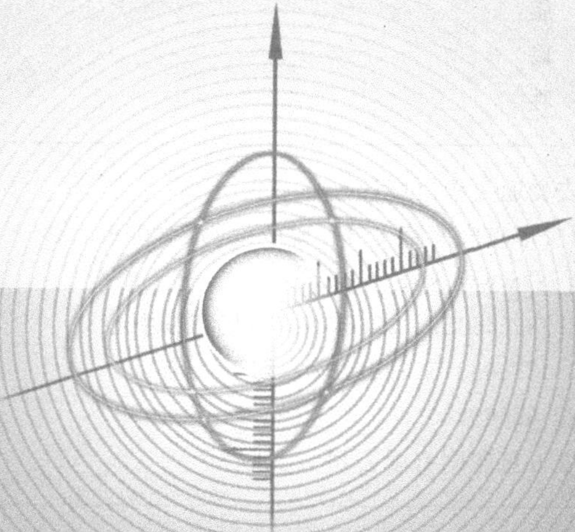

西安交通大學出版社
XI'AN JIAOTONG UNIVERSITY PRESS

图书在版编目(CIP)数据

我国“双一流”高校教师评价改革研究 / 陈京京著.
西安 ：西安交通大学出版社，2024.6. -- ISBN 978-7-5693-3848-5

Ⅰ. G645.11

中国国家版本馆 CIP 数据核字第 2024223Z90 号

书　　名 我国“双一流”高校教师评价改革研究
著　　者 陈京京
责任编辑 柳　晨
责任校对 杨　璠
装帧设计 伍　胜

出版发行 西安交通大学出版社
(西安市兴庆南路 1 号　邮政编码 710048)
网　　址 http://www.xjtupress.com
电　　话 (029)82668357　82667874(市场营销中心)
(029)82668315(总编办)
传　　真 (029)82668280
印　　刷 西安五星印刷有限公司

开　　本 700 mm×1000 mm　1/16　**印张** 11　**字数** 204 千字
版次印次 2024 年 6 月第 1 版　2024 年 6 月第 1 次印刷
书　　号 ISBN 978-7-5693-3848-5
定　　价 98.00 元

如发现印装质量问题，请与本社市场营销中心联系。
订购热线：(029)82665248　(029)82667874

前　言

教育评价事关教育事业发展方向，国家一直高度关注教育评价问题。2018 年习近平总书记在全国教育大会上指出："要深化教育体制改革，健全立德树人落实机制，扭转不科学的教育评价导向，坚决克服唯分数、唯升学、唯文凭、唯论文、唯帽子的顽瘴痼疾，从根本上解决教育评价指挥棒问题。"2020 年中共中央、国务院印发《深化新时代教育评价改革总体方案》，要求各高校"到 2035 年，基本形成富有时代特征、彰显中国特色、体现世界水平的教育评价体系"。党的二十大报告指出，"办好人民满意的教育""全面贯彻党的教育方针，落实立德树人根本任务，培养德智体美劳全面发展的社会主义建设者和接班人"。以上文件及指示对推动我国人才培养、建立科学的人才评价机制、形成科学的教育评价体系、深化教育综合改革指明了方向。

2022 年，由西北工业大学政策研究室业务主管陈京京主持的"我国'双一流'高校教师评价改革研究：成效评估、问题剖析、路径优化"获批教育部人文社会科学研究青年基金西部和边疆地区项目（项目编号：22XJC880013）。项目开始后，陈京京、王宇波等积极组织调研、论文研究以及专著撰写，周明莉、陈军、丁妍 3 位学生深度参与了项目研究和本书的撰写。研究以"双一流"高校教师评价改革研究中存在的现实困境为逻辑起点，综合运用文献分析法、调查研究法和案例研究法，梳理"双一流"高校教师评价改革工作中取得的经验与存在的问题，构建"双一流"高校教师评价改革的机制。

本项目组在四个方面形成了一些研究结论，一是厘清了我国"双一流"高校教师评价制度改革的历史演进；二是从教学评价、科研评价、管理评价、师德师风评价四个方面对 20 余所调研高校教师评价改革的进展及成效进行评估；三是剖析了我国"双一流"高校教师评价改革存在的问题和原因；四是提出了"双一流"高校教师评价改革的对策。最终实现了破“五唯”背景下“双一流”高校教师评价改革成效评估与理念更新、指明了适用于“双一流”高校破“五唯”与立“新标”相结合的教师评价改革优化路径。在此基础上形成了本书，本书共划分为五篇十章，各章的重点内容简介如下。

第一篇为绪论，即我国“双一流”高校教师教学评价改革研究的时代价值，主要介绍本书的研究背景、研究目标、研究内容、研究思路和研究创新之处等。

第二篇回顾我国高校教师评价制度改革的历史演进，共两章，分别介绍发展历程和研究进展。新中国成立以来我国高校教师评价制度的变迁历程可分为初步发展期、恢复重建期、变革探索期和完善发展期，呈现出从集权管理转向分权治理、从资源配置转向绩效管理、从身份评审转向契约聘任的特点。在研究进展方面，分别对教师评价和教师评价制度的研究进行了分析，发现当前的人才分类评价体系需要进一步完善、考核评价标准需要进一步科学化、管理服务团队评价制度亟须系统化、师德师风评价研究需要加强针对性。

第三篇是对我国“双一流”高校教师评价改革的成效评估，共分为两章。本书在调研20余所国内“双一流”高校的基础上发现，高校教师评价改革在取得进展的同时仍存在一定问题，需要及时对其成效进行评估。故而，本书系统梳理了“双一流”高校教师评价改革的要素，即教师教学评价、教师科研评价、教师管理评价、师德师风评价，并在此基础上对四大要素的改革成效进行了评估。

第四篇通过调查研究，深入剖析了我国“双一流”高校教师评价改革的现实困境及成因，共两章。第六章主要介绍了本书的分析框架、问卷调查和访谈调查的设计框架及最终调研结果的分析；第七章针对调研资料的内容分析及数据处理，分析了当前“双一流”高校教师评价改革在教师教学评价、教师科研评价、教师管理评价和师德师风评价中存在的问题及成因。

第五篇的主题是我国“双一流”高校教师评价改革的路径优化，共三章。第八章是对国外高校教师评价改革的经验借鉴，主要包括欧美国家的一流高校以及亚洲国家的一流高校教师评价改革的典型做法和经验。第九章是我国高校教师评价改革的案例研究，选取综合类高校、理工类高校、师范类高校、农林类高校和民族类高校的教师评价改革典型案例，进行质性分析，总结经验启示。第十章是高校教师评价改革的提升对策及优化路径，主要从政策引领、评价标准、评价主体、评价结果、数字化评价及师资队伍素质能力等方面提出建议。

课题现阶段的研究工作已经圆满完成，后期可以进一步开展"双一流"高校教师教学评价改革成效以及教师教学评价指标体系构建的研究，聚焦"双一流"高校如何精准评价教师的教学工作，优化师资队伍建设；着眼于如何持续改进高校教师教学发展的体制机制、提升教师课堂教学质量、培养能够担当民族复兴大任的社会主义建设者和可靠接班人。

本项目研究工作得到了教育部的支持，在研究推进过程中以及本书出版过程中，我们得到了来自"双一流"高校以及学术界众多教师、专家和领导的指导、支持和帮助，在此，我们致以最诚挚的谢意！

路漫漫其修远兮，吾将上下而求索。关于我国"双一流"高校教师评价改革的研究仍在继续，本书仅是对此研究的阶段性小结。在本书撰写的过程中，我们力求做到方法可靠、数据翔实、表述准确，但书中难免存在不足之处，恳请广大读者批评指正！

陈京京

2024 年 3 月

目　录

第四篇　我国“双一流”高校教师评价改革问题剖析

第五篇　我国“双一流”高校教师评价改革路径优化

第一篇　绪　论

第一章　我国“双一流”高校教师评价改革研究的时代价值

评价改革是教育事业发展的关键环节，是推动高等教育强国建设的重要抓手。“双一流”高校承载着“为党育人、为国育才”的重大使命，应以高质量的评价促进高水平的科研，凝聚更多的一流人才。

第一节　概念界定

厘清“评价”“教师评价”“‘双一流’高校”的内涵，有助于高校掌握合理的评价理念，构建科学的评价体系。

一、评价

从词源学的角度考察，英语中评价“evaluate”的词干为“value”，意为“价值”，它体现了评价最本质的意义，即价值判断。评价是指建立在一定准则和价值标准基础上的价值判断活动。美国学者格朗兰德曾用公式对评价做了形象的说明：

评价＝测量(量的记述)或非测量(质的记述)＋价值判断

在教育领域使用“评价”这一概念源于20世纪30年代美国的“八年研究”改革运动。拉尔夫·W. 泰勒(Ralph W. Tyler)认为，评价过程在本质上是确定课程和教学大纲在实际中实现教育目标的程度的过程。所要达到的目标，是学生行为模式中产生某种所期望的变化。因此，评价是一种确定行为发生实际变化的程度的过程。日本学者桥本重治认为，评价是与教育的目标和价值有明确关系的概念，是按照教育目标和价值观对学生的学习结果及教育计划的效果等进行测量的过程。“评价”概念的重点在于以教育目标为标准的价值判断[1]。

我国学者陈玉琨认为，教育评价是对教育活动满足社会与个体需要的程度做出判断的活动，是对教育活动现实的(已经取得的)或潜在的(还未取得，但有可能取得的)价值做出判断，以期达到教育价值增值的过程[2]。王景英认为，评价是指主体按照一定的标准对客体的价值进行判断的过程。主体可以是个人或社会组织；客体是指主体以外以及在一定条件下包括主体在内的一切客观事物；价值反映的是客体及其属性与主体需要之间的满足关系[3]。侯光文认为，评价有三个特点：一是评价是一种主体性活动，它总是与主体需要以及在此基础上形成的价值观联系在一起；二是评价应包含以决定论为基础的预见；三是评价是实践与认识的中介[4]。吴钢认为，评价活动突出价值观，充分重视对问题的分析与评断，它要根据测量的结果，评断是否达到了教育的目标和要求，测量的结果是评价的重要依据，而不是评价的唯一依据，评价需要依据更多的方法和更多的资料来进行[5]。

综上所述，本书认为“评价”应包含客观测量、价值判断和结果反馈三个过程。客观测量即收集各类定量或定性资料的过程，在此基础上，评价者依据客观测量所获得的资料或证据做出价值判断，并将结果反馈给评价对象。

二、教师评价

基于教师工作的复杂性、特殊性以及专业性等特点，教师评价已成为一种涉及诸多因素、复杂程度较高的评价活动。王景英指出，教师评价是指根据教育方针、政策、法规和学校培养目标、要求，运用教育评价的理论、方法和技术，对教师的素质、工作过程以及工作绩效进行全面、客观、公正的价值判断的活动。陈玉琨认为，教师评价是对教师工作现实的或潜在的价值做出判断的活动，它的目的是促进教师的专业发展与提高教学效能[2]。涂艳国认为，教师评价是在一定价值观的指导下，根据一定的教育目标以及教师所应承担的任务，结合教师专业的特点，广泛收集评价信息，对教师的素质、工作表现以及工作绩效进行全面、客观的价值判断过程[6]。

王斌华教授认为，教师评价是通过对教师素质及其在教育教学工作中的行为表现状况的测量，评判教师的素质水平和教育教学效果，并为进一步提高教师的素质水平和教育教学效果提供切实可行的建议[7]。侯光文基于对教师工作特点的分析，对教师评价的内容进行了界定，即基本素质、业务能力和工作表现与绩效三大方面。一是要求教师具备良好的基本素质，即政治素质、道德素质、文化素质和心理素质；二是要求教师具有一定的业务能力，即教育教学能力和教育科研能力；三是教师工作表现与绩效的评价，教师工作表现的评价要结合教师的具体工作内容进行，教师工作效绩的评价主要包括学生思想和个性品质的发展情况、学生学业成绩和科研成果。陈永明在《教师教育研究》中指出，教师评价是通过对教师在教育教学工作中的行为表现状况的测量，评判教师的素质水平和教育教学效果，为进一步提高教师的素质水平和教育教学效果提供切实可行的建议[8]。

本书的研究对象是高校教师，高校教师评价一直以来都是高校人事管理者、高校管理者、政府教育行政部门、高等教育研究者，甚至其他学科的专家学者重点关注的问题。本书中的教师评价是指在相关教育理念的指导下，依据一定的教育目标和评价标准，对高校教师的个人素质、工作表现等各方面做出全面系统的客观描述与价值判断的过程。教师评价的核心要素包括教学评价、科研评价、师德师风评价和管理评价。

三、“双一流”高校

2015 年 10 月，国务院印发《统筹推进世界一流大学和一流学科建设总体方案》，提出建设“世界一流大学和一流学科”的重大战略决策，坚持“以一流为目标、以学科为基础、以绩效为杠杆、以改革为动力”的基本原则，加快建成一批世界一流大学和一流学科。2022 年 1 月，教育部、财政部、国家发展改革委出台《关于深入推进世界一流大学和一流学科建设的若干意见》，再次明确了“双一流”建设的方向。同年 2 月，教育部、财政部、国家发展改革委公布了第二轮“双一流”建设高校及建设学科名单。

根据教育部等部门对“双一流”建设高校的划分及建设任务的具体要求，其一般具备高素质的师资队伍、卓越的教学科研水平、高水平的人才培养质量、精良的基础设施及科学规范的治理结构等特征。本书所指即“双一流”建设高校及建设学科名单中特指的“世界一流大学建设高校”。

第二节　研究背景

高质量发展是教育的生命线，是建设教育强国的重要基础。一方面，国家政策要求“双一流”高校持续深化教师评价改革；另一方面，“双一流”高校评估正迈入分类评估阶段，应尽早实现战略转型，更好地服务国家战略发展的大局。

一、国家政策持续深化教师评价改革

评价导向事关教育事业发展方向，有什么样的评价导向，就有什么样的发展方向。鉴于评价在现代人类社会活动中发挥着越来越重要的作用，包括判断作用、预测作用、选择作用、导向作用、诊断作用、激励作用、合理配置资源的作用等，国家一直高度关注评价的导向问题。高校教师评价是教育领域中的一大评价难题，在我国高等教育高质量发展过程中发挥着关键性作用。

在科学和教育领域，2017 年 1 月，中共中央办公厅、国务院办公厅印发《关于深化职称制度改革的意见》，首次明确提出了“克服唯学历、唯资历、唯论文的

倾向”(破“三唯”)。同年1月，国务院印发《国家教育事业发展“十三五”规划》，强调改进教师评价考核机制。全面落实教授给本科生上课制度，建立约束激励机制，调动教师投入本科教学、不断探索教学新技术新方法新形态的积极性。为树立以立德树人为核心、注重课堂教学和人才培养实效的价值观[9]，调整“重科研轻教学”的不良价值取向，2018年9月，习近平总书记在全国教育大会上指出：“要深化教育体制改革，健全立德树人落实机制，扭转不科学的教育评价导向，坚决克服唯分数、唯升学、唯文凭、唯论文、唯帽子的顽瘴痼疾，从根本上解决教育评价指挥棒问题。”2018年出台的《中共中央 国务院关于全面深化新时代教师队伍建设改革的意见》明确要求，“高等学校高层次人才遴选和培育中要突出教书育人，让科学家同时成为教育家”。

2020年10月，中共中央、国务院印发了《深化新时代教育评价改革总体方案》，对克服“五唯”顽瘴痼疾进行了系统部署，重点强调要“突出教育教学实绩”，引导教师安心教学、潜心育人，践行教书育人根本使命。2020年12月，教育部等六部门重新修订出台了《关于加强新时代高校教师队伍建设改革的指导意见》，指出高校应完善现代教师管理制度，激发教师队伍创新活力。强调高校应严把高校教师选拔聘用入口关，将思想政治素质和业务能力双重考察落到实处，并建立新教师岗前培训与高校教师资格相衔接的制度。2022年习近平总书记在中国共产党第二十次全国代表大会上强调，要“深化教育领域综合改革，加强教材建设和管理，完善学校管理和教育评价体系，健全学校家庭社会育人机制”。破“五唯”背景下我国教师评价改革政策出台情况见表1-1。

表1-1 破“五唯”背景下我国教师评价改革政策出台情况

政策文件	核心内容	时间
《关于深化人才发展体制机制改革的意见》	坚持德才兼备，注重凭能力、实绩和贡献评价人才，克服唯学历、唯职称、唯论文等倾向	2016年3月
《教育部关于深化高校教师考核评价制度改革的指导意见》	建立健全教学工作量评价标准，把教授为本专科生上课作为基本制度，明确教授、副教授等各类教师承担本专科生课程、研究生公共基础课程的教学课时要求	2016年8月

续表

政策文件	核心内容	时间
《关于深化职称制度改革的意见》	遵循人才成长规律，以品德、能力、业绩为导向，完善评价标准，创新评价方式，克服唯学历、唯资历、唯论文的倾向	2017 年 1 月
《中共中央 国务院关于全面深化新时代教师队伍建设改革的意见》	全面贯彻党的教育方针，坚持社会主义办学方向，落实立德树人根本任务，遵循教育规律和教师成长发展规律，加强师德师风建设，培养高素质教师队伍，倡导全社会尊师重教	2018 年 1 月
《关于深化项目评审、人才评价、机构评估改革的意见》	针对自然科学、哲学社会科学、军事科学等不同学科门类特点，建立分类评价指标体系和评价程序规范	2018 年 7 月
《教育部办公厅关于开展清理“唯论文、唯帽子、唯职称、唯学历、唯奖项”专项行动的通知》	深入学习习近平总书记在全国教育大会和 2018 年两院院士大会上的重要讲话，深化高校体制改革，健全立德树人落实机制，扭转不科学的教育评价导向，推行代表作评价制度，注重标志性成果的质量、贡献、影响	2018 年 11 月
《深化新时代教育评价改革总体方案》	坚持科学有效，改进结果评价，强化过程评价，探索增值评价，健全综合评价，充分利用信息技术，提高教育评价的科学性、专业性、客观性	2020 年 10 月
《教育部等六部门关于加强新时代高校教师队伍建设改革的指导意见》	以强化高校教师思想政治素质和师德师风建设为首要任务，以提高教师专业素质能力为关键，以推进人事制度改革为突破口，遵循教育规律和教师成长发展规律	2020 年 12 月

续表

政策文件	核心内容	时间
《人力资源社会保障部 教育部关于深化高等学校教师职称制度改革的指导意见》	以师德为先，以教学为要，以育人为本，提升师德师风要求，引导广大教师以德立身、以德立学、以德施教，突出教书育人实绩，培养德智体美劳全面发展的社会主义建设者和接班人	2020 年 12 月
《关于加强新时代高校教师队伍建设改革的指导意见》	突出质量导向，注重凭能力、实绩和贡献评价教师，坚决扭转轻教学、轻育人等倾向，克服唯论文、唯帽子、唯职称、唯学历、唯奖项等弊病	2021 年 1 月
《中华人民共和国国民经济和社会发展第十四个五年规划和2035 年远景目标纲要》	建立高水平现代教师教育体系，加强师德师风建设，完善教师管理和发展政策体系，提升教师教书育人能力素质	2021 年 3 月
《全面推进“大思政课”建设的工作方案》	重视教学过程评价，增加教学研究和教学成果在评价体系中的权重	2022 年 7 月
《中国共产党第二十次全国代表大会报告》	深化教育领域综合改革，加强教材建设和管理，完善学校管理和教育评价体系，健全学校家庭社会育人机制	2022 年 10 月
《教育部高等教育司2023 年工作要点》	突出立德树人、强化改革创新、注重教学为先，向教学一线教师倾斜，评选一批“新”“真”“实”的优秀教学成果，引导广大教师投身教学改革研究与实践	2023 年 3 月
《新时代中国教师队伍建设改革发展报告(2012—2022)》	阐述了高校教师队伍建设的政策举措，涵盖高校教师制度体系、职称评聘、考核评价、薪酬改革等五个方面	2023 年 8 月

二、高校评估迈入分类评估阶段

截至 2022 年，我国共有高等学校 3013 所以及培养研究生的科研机构 234 所，各种形式的高等教育在学总规模达到 4655 万人，高等教育毛入学率 59.6%。我国高等教育已步入普及化阶段，推动高等教育高质量、内涵式发展是新发展格局下的重要目标。党的十九届五中全会第一次明确提出“建设高质量教育体系”，高等教育作为教育体系中的重要部分，适应新发展格局需要，推进高等教育高质量发展是我国高等教育面临的时代课题。2021年，《中华人民共和国国民经济和社会发展第十四个五年规划和2035年远景目标纲要》将“建设高质量教育体系”进行专章论述，并将“提高高等教育质量”作为新发展阶段的重要目标。党的二十大报告强调，要加快建设高质量教育体系，加快建设中国特色、世界一流的大学和优势学科。高等教育高质量发展关键在于实现大学发展范式和高等教育发展观的转型，以及建立高质量高等教育体系。在质量保障体系上，建立分类评价体系，引导不同类型、不同层次的高等教育机构彼此之间既分工合作，又相互竞争、相互适应，是高等教育高质量发展的重要表征。

实施分类评估是遵循高等教育发展规律，适应普及化阶段高等教育多样性、个性化需求的必然选择。化解评估所导致的共性制约与高等教育多样化的矛盾，一直是国内外教育评估界努力的目标。我国已经进入高等教育普及化发展阶段，建立了规模超大、层次类别多样、结构复杂的高等教育体系，对这个庞大的组织体系开展全面评估本身是一个巨大的挑战。在从高等教育大国到高等教育强国的历史性跨越中，高校评估必须解决大学之间的可比性问题，实施分类评估，以引导大学的个性化发展。2020年，中共中央、国务院印发《深化新时代教育评价改革总体方案》，特别强调推进高校分类评价，引导不同类型高校科学定位，办出特色和水平。2021年，教育部印发《普通高等学校本科教育教学审核评估实施方案(2021—2025年)》，要求坚持分类指导，适应高等教育多样化发展需求，依据不同层次不同类型高校办学定位、培养目标、教育教学水平和质量保障体系建设情况，实施分类评价、精准评价。

分类评估的关键在于构建科学的、符合时代要求和高等教育发展阶段的评估分类体系，通过“指挥棒”的作用，引导不同类型高校在服务面向、服务对象、培养目标和质量标准等方面从单一向多元多维转型，提高高校核心竞争力。经过多年的不懈探索与努力，进入新时代我国对普通高校的评估制定了两类四种的“评估套餐”，这是当前评估分类的典型做法。2021年，教育部印发《普通高等学校本科教育教学审核评估实施方案(2021—2025年)》，采取柔性分类方法，提供导向鲜明的两类四种“评估套餐”由高校自主选择，第一类和第二类分别设一级指标4个和7个，二级指标12个和27个，审核重点37个和78个。两类四种“评估套餐”致力于引导一批高校定位于世界一流，建设世界一流大学所必备的本科教育教学质量保障能力，示范引领全国；推动一批高校以学术型人才培养为主要方向，注重科研反哺教学，服务国家和地方战略；促进一批高校以应用型人才培养为主，服务区域经济社会发展，彰显地方特色。这里的“类”主要是根据学校的发展水平和发展层次来进行划分，而对“类”下面的“小类”没有进行细分。比如，第一类是“具有世界一流办学目标、一流师资队伍和育人平台，培养一流拔尖创新人才，服务国家重大战略需求的普通本科高校”，显然这就是“双一流”建设高校。教育主管部门应根据“双一流”建设高校在履行职能以及相应办学体制机制上的相似性和差异性，设置不同的评估体系，以引导高校从同型竞争走向错位发展，实现战略转型卓越发展，更好地服务国家战略发展大局。

国家层面的教育评价改革政策体系逐步健全，各地各高校也纷纷行动，从自身实际出发，齐心协力共同推进教育评价改革。广东、陕西等地将教育评价改革作为省委教育工作领导小组重点任务，纳入各市县目标责任考核、教育履职评价，推动改革落地。天津市坚持以系统观念推进、高站位统筹、多角度施策，强化进入政策文件、融入业务工作、实施管理调控等重点环节，打好落实“组合拳”。东北大学坚持德能并重，深化教师评价改革，修订教师分类考核评价办法，设立“代表性学术业绩”指标，突出教书育人效果和学术贡献，着重考察标志性成果。在国家的大力支持下，各地各高校坚持破“五唯”与立“新标”并举，结合区域特色、校本特色，积极探索适应自身的多元化、特色化的教育教学评价改革，为我国高等教育高质量发展提供坚实的保障。

三、党和国家关于人才分类评价的工作要求

人才评价是高校教师选聘、任用、薪酬、奖惩等人事管理的基础和依据，一直是高等教育研究中的热点话题。

(一)习近平总书记相关重要论述

教育评价是一项世界性、历史性、实践性难题，教师队伍评价更是其中的根本环节，重中之重。

习近平总书记在2018年两院院士大会上指出：“人才评价制度不合理，唯论文、唯职称、唯学历的现象仍然严重，名目繁多的评审评价让科技工作者应接不暇，人才‘帽子’满天飞，人才管理制度还不适应科技创新要求、不符合科技创新规律。”2018年9月，习近平总书记在全国教育大会上指出：“要深化教育体制改革，健全立德树人落实机制，扭转不科学的教育评价导向，坚决克服唯分数、唯升学、唯文凭、唯论文、唯帽子的顽瘴痼疾，从根本上解决教育评价指挥棒问题。”2021年9月，习近平总书记在中央人才工作会上强调：“要完善人才评价体系，加快建立以创新价值、能力、贡献为导向的人才评价体系，形成并实施有利于科技人才潜心研究和创新的评价体系。”2023年5月，习近平总书记在中央政

治局第五次集体学习时提出了“深化新时代教育评价改革，构建多元主体参与、符合中国实际、具有世界水平的教育评价体系”的论断，同时对高校教师队伍建设提出了更高要求。

(二)国家有关文件要求

进入新时代，如何制定和执行科学有效的高校教师评价政策，从而推进高水平师资队伍建设，成为我国高校“双一流”建设的重要保障。2016 年以来，国家和有关部委陆续出台了多项关于高校教师队伍人才评价改革的政策文件(见表 1-2)，高度重视高校教师评价改革。目前，高校教师评价已经成为高等教育综合改革的重要内容，是当前和今后一段时期深化高等教育综合改革的紧迫任务。

表 1-2　教师队伍建设及人才评价政策汇总

序号	发文时间	发文单位	文件名称
1	2016 年 3 月	中共中央	《关于深化人才发展体制机制改革的意见》
2	2016 年 8 月	教育部	《深化高校教师考核评价制度改革的指导意见》
3	2017 年 1 月	中共中央办公厅、国务院办公厅	《关于深化职称制度改革的意见》
4	2018 年 1 月	中共中央、国务院	《关于全面深化新时代教师队伍建设改革的意见》
5	2018 年 2 月	中共中央办公厅、国务院办公厅	《关于分类推进人才评价机制改革的指导意见》
6	2018 年 7 月	中共中央办公厅、国务院办公厅	《关于深化项目评审、人才评价、机构评估改革的意见》
7	2018 年 10 月	科技部等五部委	《关于开展清理“唯论文、唯职称、唯学历、唯奖项”专项行动的通知》
8	2018 年 11 月	教育部办公厅	《关于开展清理“唯论文、唯帽子、唯职称、唯学历、唯奖项”专项行动的通知》
9	2019 年 2 月	人力资源社会保障部、工业和信息化部	《关于深化工程技术人才职称制度改革的指导意见》
10	2020 年 2 月	教育部等三部委	《关于提升高等学校专利质量促进转化运用的若干意见》

续表

序号	发文时间	发文单位	文件名称
11	2020 年 2 月	科学技术部	《关于破除科技评价中“唯论文”不良导向的若干举措(试行)》
12	2020 年 2 月	教育部、科学技术部	《关于规范高等学校 SCI 论文相关指标使用树立正确评价导向的若干意见》①
13	2020 年 10 月	中共中央、国务院	《深化新时代教育评价改革总体方案》
14	2020 年 11 月	教育部	《第五轮学科评估工作方案》
15	2020 年 11 月	教育部	《关于正确认识和规范使用高校人才称号的若干意见》
16	2020 年 12 月	教育部等六部门	《关于加强新时代高校教师队伍建设改革的指导意见》

2018 年，中共中央办公厅、国务院办公厅印发的《关于分类推进人才评价机制改革的指导意见》指出，“我国人才评价机制仍存在分类评价不足、评价标准单一、评价手段趋同、评价社会化程度不高、用人主体自主权落实不够等突出问题，亟须通过深化改革加以解决”。2019 年，中共中央办公厅、国务院办公厅《关于进一步弘扬科学家精神加强作风和学风建设的意见》指出，“树立科技界广泛认可、共同遵循的价值理念，加快培育促进科技事业健康发展的强大精神动力，在全社会营造尊重科学、尊重人才的良好氛围”。2020 年，科技部印发《关于破除科技评价中“唯论文”不良导向的若干措施(试行)》，教育部、科技部印发《关于规范高等学校 SCI 论文相关指标使用 树立正确评价导向的若干意见》均指出应破除“唯论文”评价体系，正确引导 SCI 论文等学术产出，构建多元化的人才评价体系。2020 年 10 月中共中央、国务院出台《深化新时代教育评价改革总体方案》，作为教育评价改革纲领，强调要“改革教师评价，推进践行教书育人使命”，进一步明确了改革的方向和目标。

自 2018 年习近平总书记提出破“五唯”以来，“双一流”高校迅速启动教师评价改革，经过多年的探索，各项改革措施已初见成效，此外，以上政策文件及指示也在很大程度上为各高校深化教师评价改革指明了前进方向。但是，当前“双一流”高校的教师评价工作尚存在一定程度上的理念创新难、制度完善难、落地

① SCI：science citation index，科学引文索引。

执行难等问题。故而，本书围绕现状剖析、参考借鉴与深化改革三个维度，对"双一流"高校展开系统的调研与深入的探析。首先是坚持问题导向，通过向"双一流"高校发放问卷和开展访谈，明晰"双一流"高校教师评价改革的现状，评估"双一流"高校教师评价改革的成效及存在的问题。其次是科学借鉴我国"双一流"高校教师评价改革成果与经验，对国内C9联盟(北京大学、清华大学、哈尔滨工业大学、复旦大学、上海交通大学、南京大学、浙江大学、中国科学技术大学、西安交通大学)等"双一流"高校教师评价改革推进情况展开调研。运用NVivo 16.0质性分析软件归纳与编码，运用SPSS 16.0实证分析软件统计与比较调研数据，客观评价各高校教师评价改革成效与存在的问题。最后是面向教学型、科研型、教研型以及管理型教师，围绕教学评价、科研评价、师德师风评价与管理评价四个方面提出对策建议，推动"双一流"高校教师评价改革持续深化，完善评教结果的反馈与利用机制，技术赋能，实现评价形式智能化。细化科研人才分类评价方式，探索交叉学科科研人才评价。坚持把师德师风作为第一标准，发挥道德榜样的示范引领作用。以同行评议为主、量化评价为辅，将代表作制度与综合准入制结合，加强绩效沟通，重视教师的参与。

第三节　研究概述

新时代是挑战与机遇并存的时代，"双一流"高校课堂教学亟待提质增效。立足各高校的教师评价改革实践，客观研判其成果与不足、凝练借鉴国内外先进经验、梳理总结教师评价改革的优化理路，促进我国高等教育内涵式发展。

一、研究意义

在理论方面，有助于深化研究、优化体系、推动教师评价改革；在实践方面，有助于获取资料、明确现状，供各"双一流"高校借鉴。

(一)理论意义

自2018年习近平总书记提出破"五唯"以来，各高校积极改革教师评价体系，但其改革成效具体如何，尚不明晰，亟须深化理论研究，辨析出当前"双一流"高校教师评价改革在价值导向、理念创新方面所取得的最新成果。

1. 深化研究：有助于深化和完善高校教师评价改革的理论研究

通过对"双一流"建设典型高校教师评价改革理念进行比较归纳与统计分析，辨析出当前"双一流"高校教师评价改革在价值导向、理念创新方面所取得的最新成果，并结合各高校在该理念指导下所取得的改革成效，客观评价该理念的理论意义，为完善高校教师评价改革的理念研究提供有力支撑。

2. 优化体系：有利于完善高校教师分类评价制度体系的建设

在客观评价"双一流"高校教师评价改革成效的基础上，选择性地借鉴国外一流高校的经验做法，以完善"双一流"高校教师队伍分类评价、分类改革、分类发展机制，使各类别教师(教学为主型、科研为主型、教研型、管理型等)都能获得相应的发展通道与成长空间。此外，通过及时更新高校的评价理念、创新教师的评价机制、完善制度保障，持续完善教师分类评价体系。

3. 推动改革：有助于深化我国高校教师评价改革

研究成果立足"双一流"高校教师评价改革的现状与全局，研究教师评价改革存在的问题与取得的成效，探索继续深化改革的路径与对策。研究结果能够为国内高校继续高质量推进教师评价改革提供参考借鉴，有助于优化高校师资队伍建设与人才引进等方面的工作。

(二)实践意义

建设高质量人才自主培养体系，需要高校建立科学完备的教师评价体系作为引导和支撑，在实践中深化教学型、科研型、教研型以及管理型教师评价改革。

1. 获取资料：通过调研获取"双一流"高校教师评价改革进展情况的第一手资料

通过问卷、访谈与文献研究等方法，获取"双一流"高校教师评价改革相关材料，系统梳理各高校教师评价改革理念思路、制度体系、评价机制以及典型案例，分类研究各类教师评价改革的最新举措，形成第一手研究素材与资料，为各高校进一步深化改革提供高质量的支撑材料。

2. 明确现状：客观评价"双一流"高校教师评价改革取得的成效与存在的问题

在获取研究资料的基础上，通过扎根理论法、统计分析法、问卷调查法以及比较分析法等，客观评价"双一流"高校教师评价改革取得的先进经验以及存在的问题，明确高校下一步的改革方向。正本清源，对症下药，助力教师的成长，端正教师的思想与行为，激发教师发展的活力，提升高校教师改革实践的有效性。

3. 参考借鉴：系统梳理"双一流"高校教师评价改革先进经验，提供参考借鉴

在明确"双一流"高校教师改革现状的基础上，补充借鉴国外一流高校教师评价的经验，系统研究国内"双一流"高校教师评价改革的典型做法与先进理论。为政府和高校制定高校教师评价政策、制度、组织和环境建设提供较为客观的依据，持续推进教学型、科研型、教研型以及管理型教师评价改革，推动我国高等教育高质量发展。

二、研究目标

自2018年习近平总书记提出破“五唯”以来，“双一流”高校迅速启动教师评价改革，经过多年的探索，各项改革措施已初见成效，但教师评价工作仍在一定程度上存在理念创新难、制度完善难、落地执行难等问题。如何客观评价“双一流”高校教师评价改革成效、科学借鉴国内外高水平大学的先进经验，成为亟待研究的课题，具体研究目标如下。

一是现状剖析。客观评价“双一流”高校教师评价改革成效与存在的问题。2018年以来，“双一流”高校从师德师风，人才培养、引进、考核、评价、激励等方面持续深化改革。但目前改革成效尚未进行系统的评估，为后续工作提供参考借鉴仍显不足。二是参考借鉴。科学借鉴我国“双一流”高校教师评价改革成果与经验。对国内C9联盟等“双一流”高校教师评价改革推进情况展开调研，运用SPSS软件对政策文本进行编码统计和比较分析，结合问卷调查与访谈，对样本高校教师评价改革成效进行评估，形成研究报告。三是深化改革。创新教学、科研、成果转化等管理与评价机制，优化高校教师分类评价体系。建立以创新价值、能力、贡献为导向的人才评价体系。优化教育教学评价，引导教师潜心育人，深化科研评价改革，引导教师服务“四个面向”。健全基于贡献的评价机制，引导教师服务国家重大需求。

三、研究内容

坚持靶向思维，立足现状，客观评价“双一流”高校教师评价改革成效与存在的问题；面向未来，科学借鉴国内外一流高校教师评价改革成果与经验；深化改革，创新教学、科研、成果转化等管理与评价机制，优化高校教师分类评价体系。

(一)立足现状：客观评价“双一流”高校教师评价改革成效与存在的问题

1. 成效评估

高校教师评价改革成效评估是指实施主体或第三方机构运用计量、统计、专项调查乃至大数据、云计算等传统研究方法与现代计算机网络技术工具，依据一定的研究范式、指标体系和评估标准，对各高校已出台实施的方案规划、政策制度、运行机制等进程与效果或者集体行动所带来波及效应的一种观察、分析、预测、评价的社会评估活动，具有较强的专业性、技术性、评判性。本书以国家有关高校教师评价改革的顶层设计框架与相关政策文件为依据，对各“双一流”高校教师评价改革的实践样本进行扎根分析，从顶层框架、设计依据、范围对象、实施方式、效度检视等维度进行观察、分析与评估。

2. 问题剖析

从宏观层面观察、分析与透视，中共中央、国务院以《深化新时代教育评价改革总体方案》为主导，力推各高校深入实施教师评价改革，完善立德树人体制机制，扭转不科学的教育评价导向，坚决克服唯分数、唯升学、唯文凭、唯论文、唯帽子的顽瘴痼疾，提高高等教育治理能力和水平。各“双一流”高校适时建立教师评价管理体制的“四梁八柱”，但在广度、深度、切度、力度和效度方面仍然存在诸多问题，如理念创新不足、制度体系有待健全、评价机制有待完善等问题，本书拟对以上问题进行深入挖掘，并剖析其产生的原因，以期对症下药，推进我国“双一流”高校教师评价改革。

(二)面向未来：科学借鉴国内外一流高校教师评价改革成果与经验

1. 总结凝练中国特色高校教师评价改革经验

在广泛调研的基础上，运用 SPSS 软件对政策文本进行编码统计和比较分析，结合问卷调查与访谈，对样本高校教师评价改革成效进行评估，总结其教师评价改革的经验和典型案例，形成研究报告，为我国高校教师评价改革提供可参考借鉴的典型经验。

2. 补充借鉴国外一流高校教师评价改革经验

对哈佛大学、麻省理工学院、牛津大学等世界一流高校教师评价改革中的最新教育理念、制度体系、评价机制等内容进行选择性吸收，借鉴其有益之处，结合我国高校的实际情况，形成适合我国高校的、具有中国特色的教师评价改革建议报告。

(三)深化改革：创新管理与评价机制，优化高校教师分类评价体系

1. 创新理念

通过对理论文献资料进行编码归纳，开展扎根理论分析，总结出各“双一流”高校教师评价改革的理念与价值导向，比较、分析其教师评价改革的创新理念及价值意义，并对各创新理念的成效进行评估，最终形成能够引领我国“双一流”高校教师评价改革的创新理念。

2. 构建体系

系统梳理样本高校教师评价的制度体系、政策文本等，包括教师引进制度、职称评价制度、绩效考核制度、荣誉激励制度等，厘清各“双一流”高校教师评价的制度保障体系，并做初步的成效评估，凝练典型案例和改革经验，挖掘问题和成因，初步形成可推广的制度体系范式。

3. 完善机制

在全面分析“双一流”高校教师评价改革指标体系、评价主体、决策机制等内容的基础上，客观评估当前高校教师评价机制的成效与存在的问题，探索“双一流”高校教师评价改革的创新路径，形成评价机制，在条件允许的情况下进行试点。

四、主要创新点

(一)在研究内容上：聚焦高校教师评价改革的做法与现状

已有研究集中于高校“教师评价”的现状与问题，缺少针对“教师评价改革”现状与成效的系统评估。本书全面调研了 20 余所“双一流”高校教师评价的政策文本、制度体系、典型改革案例和卓越成果等资料，选取教学评价、科研评价、管理评价以及师德师风评价四个维度进行分析与比较研究，对我国“双一流”高校教师评价改革所取得的成效进行系统评估，剖析问题及成因，全面总结其改革现状。

(二)在研究方法上：以混合式研究为主要方法

现有研究多为高校教师评价指标体系等内容的研究，以理论研究和量化研究为主，侧重于解决教师评价改革中的具体问题，但教师评价改革成效的判定与评估需要大量的定性研究，因此本书以案例研究法、访谈调查法等为主，辅以可量化的调研数据，形成以质性研究为主的研究思路。

五、思路方法

以理念创新、体系构建和完善机制为主线，围绕我国“双一流”高校教师评价改革现状，采用访谈调查、问卷调查、扎根分析等多种研究方法，厘清症结所在，对症下药，最终凝练出改革创新举措。

(一)研究思路

本书坚持问题导向，针对“双一流”高校教师评价改革成效尚未进行全面评估的问题，以及高校在实践中存在评价理念更新不及时、评价体系建设不够健全、评价机制有待完善等现实困境，从理念创新、体系构建和完善机制三个维度展开研究。

首先，本书在全面调研我国“双一流”高校教师评价改革现状的基础上，针对破“五唯”背景下各高校逐渐开展的教师评价改革开展研究，以C9高校为重点研究对象，分别对其改革理念、制度体系建设、评价机制的现状进行梳理总结和评价，以期为国内其他“双一流”高校的教师评价改革提供宝贵的经验。

其次，本书运用深度访谈、问卷调查、座谈会等方法，对获取的样本高校教师评价改革的方案、政策、制度等文本进行扎根分析、归纳总结，评估并深入挖掘各高校教师评价改革的成效与存在的问题。在此基础上，对各个样本高校进行横向比较，总结出“双一流”高校教师评价改革工作已取得的经验与存在的问题，最终提出改革方案，并形成高质量的研究报告和政策建议，为我国“双一流”高校高质量推进教师评价改革提供参考借鉴与对策建议。

本书的研究思路如图1-1所示。

(二)研究方法

本书采用了混合式研究方法，包括文献研究法、访谈法、问卷调查法、案例研究法等。

1. 文献研究法

一是针对破“五唯”背景下各类政策文本、各“双一流”高校推动教师评价改革的方案以及现行的教师评价制度体系进行系统梳理。二是收集国内外关于高校教师评价改革的相关文献资料，对学界现有研究成果进行综述与分析，为后续研究奠定理论基础。

2. 实证研究法

针对上述样本高校综合运用访谈法、案例分析法、问卷调查法等实证研究方法获得研究数据。

一是以高校教师、学生为调研对象，发放调查问卷，对收集来的问卷数据通过SPSS软件进行描述性统计、相关性分析等定量分析，调查我国“双一流”高校教师教学评价改革现状。

二是编制访谈提纲，对样本高校部分教学管理者、专家进行半结构式访谈调查，进行有针对性的沟通和了解，对获取的文本资料进行定性分析，以便了解学校管理人员、专家等不同评价主体对目前高校教师评价改革的真实看法和建议。

三是进行案例研究，选取部分“双一流”高校的教师评价改革案例，通过对案例的研究来展现该类高校教师评价制度体系的全貌，总结“双一流”高校教师评价改革的经验与不足，探索适应我国“双一流”高校办学定位及发展特色的教师评价改革的创新路径。

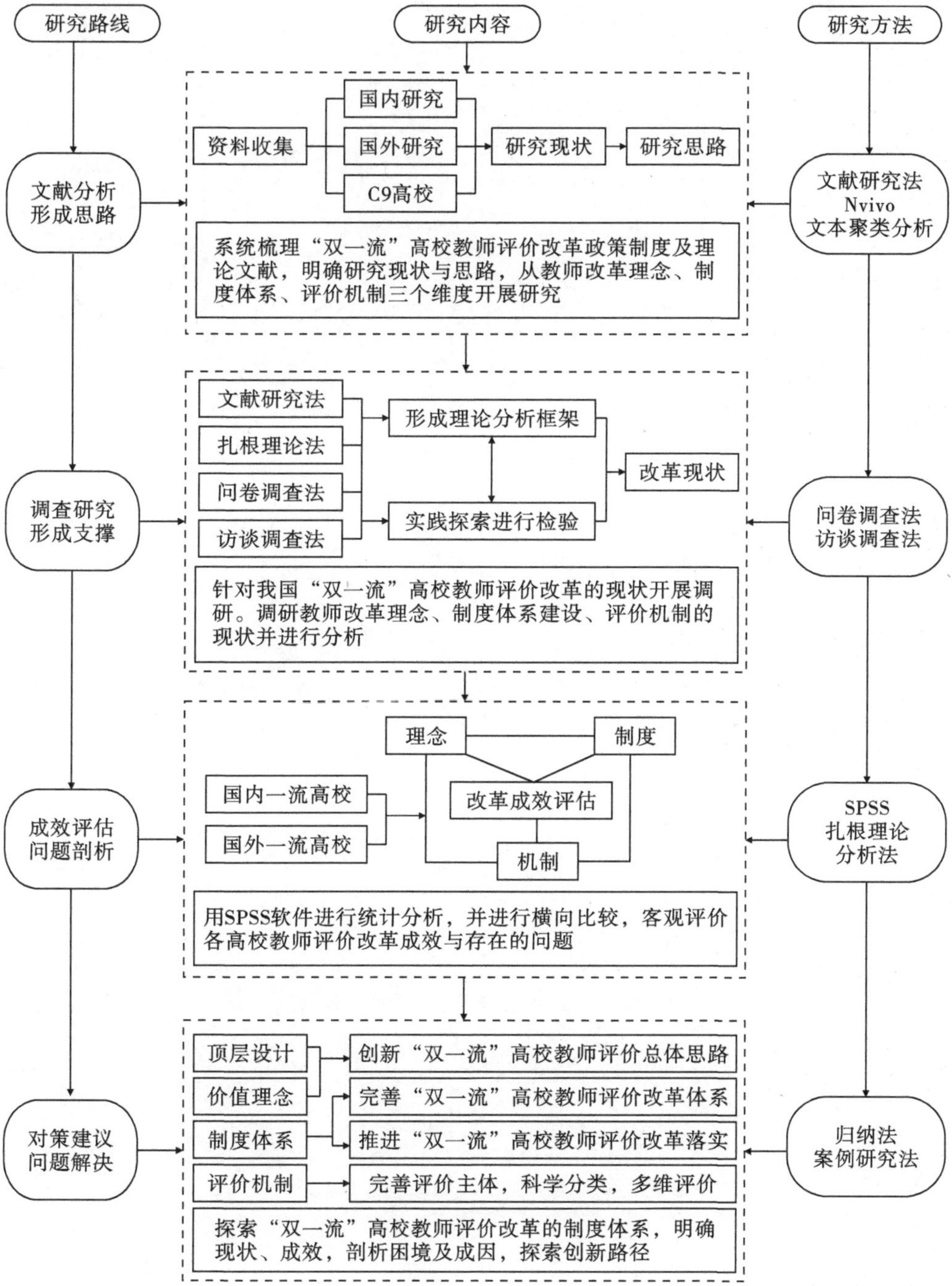

研究路线
研究内容
研究方法
国内研究
资料收集
国外研究
研究现状
研究思路
C9高校
文献分析
形成思路
文献研究法
Nvivo
文本聚类分析
系统梳理"双一流"高校教师评价改革政策制度及理论文献，明确研究现状与思路，从教师改革理念、制度体系、评价机制三个维度开展研究
文献研究法
扎根理论法
问卷调查法
访谈调查法
形成理论分析框架
实践探索进行检验
改革现状
调查研究
形成支撑
问卷调查法
访谈调查法
针对我国"双一流"高校教师评价改革的现状开展调研。调研教师改革理念、制度体系建设、评价机制的现状并进行分析
理念
制度
国内一流高校
国外一流高校
改革成效评估
机制
成效评估
问题剖析
SPSS
扎根理论
分析法
用SPSS软件进行统计分析，并进行横向比较，客观评价各高校教师评价改革成效与存在的问题
顶层设计
价值理念
制度体系
评价机制
创新"双一流"高校教师评价总体思路
完善"双一流"高校教师评价改革体系
推进"双一流"高校教师评价改革落实
完善评价主体，科学分类，多维评价
对策建议
问题解决
归纳法
案例研究法
探索"双一流"高校教师评价改革的制度体系，明确现状、成效，剖析困境及成因，探索创新路径

图 1-1　研究思路

第二篇　我国高校教师评价制度改革的历史演进

第二章　我国高校教师评价制度改革的发展历程

系统梳理新中国成立以来我国高校教师评价制度的演进，有助于探究其特征，反思其成效与问题，为进一步深化教师评价改革提供理论依据和改革思路。

第一节　新中国成立以来我国高校教师评价制度的变迁历程

新中国成立以来我国高校教师评价制度的发展主要经历了四个阶段，一是初步发展期(1949—1976 年)，二是恢复重建期(1977—1985 年)，三是变革探索期(1986—1999 年)，四是完善发展期(2000 年至今)。

一、初步发展期(1949—1976 年)

中华人民共和国成立初期，国民经济处于初建阶段，社会的主要任务是稳定政治、发展经济。高等学校的定位是与科学院系统相对应的教学机构，主要职能是教育，无暇顾及设立科学系统的教师评价制度。国内现行的高校教师评价体系是在 1952 年高校院系调整后形成的合约范式基础上变迁而来的[10]。1952 年，我国学习苏联模式，进行了大规模的高校院系调整，并对大学内部结构进行了根本性改造，将高校教师纳入国家的计划经济体制内，由党中央统一领导。1960 年《国务院关于高等学校教师职务名称及其确定与提升办法的暂行规定》颁布，明确规定高校教师职务名称的确定和提升，以思想政治条件、学识水平和业务工作能力为主要依据，同时对资历和教龄加以照顾。确定或者提升为副教授的，须经校务委员会讨论通过，报请所在省、自治区、直辖市的高教(教育)厅(局)批准，并且报中央教育部和中央有关主管部门备案。确定或者提升为教授的，须经校务委员讨论通过，报请所在省、自治区、直辖市的高教(教育)厅(局)，核转中央教育部批准(中央有关主管部门领导的学校，须先商得各该部门的同意)。评审内容(维度)、方式的转变不仅标志着我国高校教师职务评聘工作进入制度化的发展轨道，还隐含着岗位绩效管理价值取向的政策行动逻辑[11]。

这一阶段可以称为行政任命阶段，由政府统一任命高校教师，对其进行评价、考核，确定其职务名称。与之相适应的，这一阶段的高校教师评价规则也由政府来确定，各高校的自由支配空间不足，这也导致这一时期的高校教师评价制度具有一定的相似性，评价制度的多样性发展空间不足。由于当时高校的职能定位主要是人才培养，因此高校教师评价的主要维度是教学评价，重在评价教师的教学质量、高校的教育质量。

二、恢复重建期(1977—1985 年)

这一时期，高等学校的主要工作是在政府的指导下恢复各项秩序，重建学位、教师考核等各项制度。1979 年 11 月教育部颁布《关于高等学校教师职责及考核的暂行规定》，对高等学校的教师考核发布了具体意见，详细制定了高校各级教师的职责、考核依据以及考核方法。1981 年《教育部关于试行高等学校教师工作量制度的通知》，提出了高等学校教师工作量的试行办法，以此为标志，教师工作量制度成为教师年度考核、工作业绩评价的主要方式。1982 年教育部印发《关于当前执行〈国务院关于高等学校教师职务名称及其确定与提升办法的暂行规定〉的实施意见》，明确规定了教师职务确定与提升的标准、思想政治条件、业务条件、考核制度、评审程序、批准权限等。

这一阶段我国高校教师评价工作迈入常态化的发展轨道，初步形成了具有中国特色的规范化的评价程序。常态化、规范化的高校教师评价程序为后续改革奠定了重要基础，有利于多元化高校教师评价体系的建设。同时，这一阶段的高校教师评价制度追求工具理性，呈现出技术性强的特征。总之，这一阶段教师评价改革制度的重建，为新时代建设具有中国特色的高校教师评价制度奠定了良好的基础。

三、变革探索期(1986—1999 年)

为了促进高校教师专业发展、提升高校人才培养质量，国家教育主管部门开始改进高校教师评价制度，采取的主要举措是加强高校自主权，充分调动其积极性，使其参与高校教师评价改革。1986 年以来，政府按照《高等学校教师职务试行条例》的有关规定，开始分批向具备条件的高等学校下放了教授和副教授评审权。1991 年《关于高等学校继续做好教师职务评聘工作的意见》出台，强调注意增加中青年高级职务人员的比例，组织优秀中青年拔尖人才高级职务特别评审，破格评聘的政策使一批高校中青年教师很快晋升副教授、教授。1999 年《中华人民共和国高等教育法》对高校教师职务评聘做出明确规定：教师经评定具备任职条件的，由高等学校按照教师职务的职责、条件和任期聘任；遵循双方平等自愿的原则。《中华人民共和国高等教育法》的颁布意味着高等教育正式步入法治化的道路。

这一阶段的高校教师评价制度改革呈现出三个特征。

一是开始步入法治化、规范化的道路，开始依法治校、依法管理。推进依法治校是学校适应加快建设社会主义法治国家要求，发挥法治在学校管理中的重要作用，提高学校治理法治化、科学化水平的客观需要；是深化教育体制改革，推进政校分开、管办分离，构建政府、学校、社会之间新型关系，建设现代学校制度的内在要求。

二是在继续重视教学评价的同时，开始重视科研的评价，对于科研的数量、成果和方式等方面进行各种探索。科学研究与人才培养同属现代大学的基本职能，二者的重要程度不分伯仲，强化科研评价是我国高等教育内涵式发展、高质量发展的内在需求。充分发挥科研评价的"指挥棒"作用，能够全面准确反映高校的科学研究成果创新水平、转化应用绩效和对经济社会发展的实际贡献，有助于引导科研人员潜心研究、探索创新，为我国构建新发展格局和实现高质量发展提供有力支撑。

三是政府简政放权，扩大高校对教师的管理自主权，高校开始根据自身办学特色出台相应的教师评价办法，有力地促进了高校教师评价制度的发展。扩大高校办学自主权，是完善中国特色现代大学制度、激发高校办学活力、全面提高高等教育质量的重要基础，是教育部门加快职能转变、继续简政放权的重要体现。

四、完善发展期(2000 年至今)

进入 21 世纪之后，政治的稳定、经济的发展、科技的飞跃为高等教育的发展提供了良好的社会环境。在此背景下，我国的高等教育经历了大众化阶段，已经步入高等教育普及化阶段，高质量、内涵式发展成为新发展格局下最为重要的目标愿景。深化高校教师评价改革也成为实现高等教育高质量发展目标的重要途径之一。2017 年 3 月《教育部等五部门关于深化高等教育领域简政放权放管结合优化服务改革的若干意见》明确规定将职称评审权下放到各高校，评聘标准以师德为先、提高教学业绩比重。2018 年出台的《中共中央 国务院关于全面深化新时代教师队伍建设改革的意见》强调，深化高等学校教师人事制度改革，积极探索实行高等学校人员总量管理，推动高等学校教师职称制度改革，将评审权直接下放至高等学校，由高等学校自主组织职称评审、自主评价、按岗聘任。2020 年《教育部等六部门关于加强新时代高校教师队伍建设改革的指导意见》明确要求，完善高校教师聘用机制，充分落实高校用人自主权，政府各有关部门不统一组织高校人员聘用考试，简化进人程序。高校根据国家有关规定和办学实际需要，自主制定教师聘用条件，自主公开招聘教师。

进入 21 世纪，为适应高等教育多样化发展的趋势，简政放权、加大高校教师评价改革自主权成为主要趋势。这一时期最重要的特点是高校教师评价的内容也在持续拓展深化，不仅评价教师的教学与科研工作，而且重视师德师风的评价及管理的评价。高校教师评价内容全面化，是我国建设世界一流高校的必由之路。强教必先强师，培养造就一支师德高尚、业务精湛、结构合理、充满活力的高素质专业化教师队伍[12]，科学精准、全面综合的教师评价是关键。对高校教师个人素质、专业素养进行全面的评价，有利于促进教师综合素质和能力提升，鼓励其个性化发展，从而在其职业发展之路上取得诸多成效。

我国高校教师评价制度进一步完善，评价方式趋于多元，操作程序也日渐成熟。纵观改革开放以来高校教师评价制度的变迁轨迹，可以发现，经由“中央—地方—高校”不断建构、共同生成、持续演绎，教师评价与教师聘任制、薪酬分配制度等相关制度挂钩，形成了制度的连锁效应[13]。我国高校教师评价制度已经形成了政府宏观调控、高校自主管理的模式，高校拥有了更多的自主权，便能够围绕本校的教师评价制度设计及执行中存在的实际问题，及时做出调整和修改，做出更适宜、更科学的评价制度规划。

高校教师评价实行绩效管理模式，促使高校教师的工作积极性得到提高，高校的人才培养质量进一步提升，科研产出快速增长，高校的整体效益得到提高。

第二节　新中国成立以来我国高校教师评价制度改革的特征

新中国成立以来我国高校教师评价制度改革主要有三个特征。一是国家层面：从集权管理转向分权治理；二是高校层面：从资源配置转向绩效管理；三是教师层面：从身份评审转向契约聘任。

一、国家层面：从集权管理转向分权治理

新中国成立初期，在计划经济体制下，我国高校教师评价制度是由政府集中领导的管理体制。为了加强对高校的直接领导和管理，政府多次出台政策，明确规定全国高校由教育部统一领导。由政府主导的高校教师评价制度建设具有权威性、强制性等特点，能够缩短制定过程和推广过程，因此具有很强的时效性。然而，高度集中统一的教育管理体制也存在着缺陷，政府虽然能够直接介入高校的教师评价过程，但是，政府作为评价的外部主体，无法做出深入切实的评判，造成学术管理制度效率不高。随着经济社会的快速发展，高等教育的规模不断扩大，高校呈现出多样化发展的趋势，政府集中领导的管理模式已不能适应高等教

育多样化的发展趋势。因此，政府开始简政放权，扩大高校的自主权，走向了分权治理阶段。这意味着政府由高校教师评价制度的领导者变成监督者，高校能够基于自身的内在特点和实际需求选聘、评审高校教师，大大提高了管理效率。

二、高校层面：从资源配置转向绩效管理

高校教师评价制度与宏观政策和社会变革相适应，基本趋势是由自上而下的政府领导模式向市场经济模式转型，高校教师评价制度改革也由行政约束、资源配置转向市场推动、绩效管理。在高校教师评价中实行绩效管理，有助于保障学校管理决策的科学合理，能够体现学校办学定位和发展战略的特色，进一步扩大高校自主权。绩效管理要求教师主动地参与管理过程，保证学校管理者与教师之间的相互沟通和理解，使学校管理者和教师始终保持良好的关系，减少内耗，建立共同努力的合作团队，以利于形成和谐进取的氛围和增强学校的凝聚力[14]。在高校层面，教师评价制度的改革是适应我国经济社会发展阶段特征的，随着政治经济体制的调整而调整。

三、教师层面：从身份评审转向契约聘任

政府集权领导的制度建设时期，高校教师的选聘采取任命制，由教育部统一任命高校教师，并且教师的考核、评估、职务评定都由教育部审批。任命制是一种政治标准清晰且严格的身份评审模式，这种模式的实质是只任不评，而任命权又不在用人单位，一旦由上级行政领导任命，就与工资福利待遇挂钩且终身享受，没有岗位要求和数额限制[15]。政府下放权力，扩大高校的自主权，与此同时，高校教师的选聘也逐渐由以身份评审为核心的任命制转向以契约文化为核心的聘任制。高校能够结合实际需要设立教师岗位，大大提高了学术、教学等方面的管理效率。这意味着用人单位由政府变成了高校，使高校能够基于自身实际选聘人才，使高校教师成为自由流动的社会个体。

第三章　我国高校教师评价制度改革的研究进展

本书围绕教师评价、教师评价体系、教师评价制度比较并归纳我国高校教师评价制度改革的研究进展，为客观评价“双一流”高校教师评价改革成效奠定基础。

第一节　关于教师评价的研究进展

在教师评价的研究进展方面，本书主要围绕国内外教师评价的研究现状展开研究。

一、国内教师评价的理论研究

本书全面梳理了国内教师评价的研究进展，包括教师评价理念的研究、人才分类评价的研究、师资队伍素质和能力提升路径的研究。

(一)关于教师评价理念的研究进展

评价理念对于教师评价改革具有引领意义，近年来我国学者对教师教学评价理念的研究颇为重视。

一是强调发展性教育评价理念的贯彻落实，主张以人为本、以促进教师发展为本。杨卫东等主张，教师评价应以教师专业发展为旨归，面向教师自身、教师的专业、教师的未来发展，用动态发展的眼光来看待教师教学[16]。陈明学指出，要从人性的视角审视高校教师评价，应以促进人的发展为起点和落脚点，将促进教师发展和学生发展统一于教师评价中[17]。刘秀梅和张雪遥强调要践行人本主义评价理念，使教师教学质量评价专事专办，不受利益影响，回归到只为教师专业发展、最终促进教学质量的纯粹追求上来[18]。徐全忠认为，教师评价的管理价值与教育价值在核心价值取向上是一致的，要回归教师评价促进教师发展的初心，实现教师发展价值与管理价值的辩证统一[19]。

二是呼吁回归育人为本的价值意蕴，以提高学生学习效果、提升学校教育质量为根本目的。卫建国等提出应立足新时代教育评价改革和发展的价值导向，转变将教师评价作为学校管理方式的观念，营造激励性、过程性评价的教师评价文化氛围，让教师从工具理性的束缚中解脱，回归教书育人的价值理性[20]。李庆丰和周作宇基于多元评价主体和评价对象之间的冲突指出，以育人为本作为高等教育评价的核心标准及价值融合的方向，构建能够整合多元价值取向的统一质量标准[21]。曹晶和陈敬良通过梳理改革开放以来我国本科教学评估价值取向的变迁历程，指出要使评估的过程成为学校发展、学生成长的过程，以学生发展为中心，从评校转向"评学"和"评生"，实现从单一价值向多元价值融合的变化[22]。潘海生和杨慧基于英国大学教学职业框架(CFUT)的分析，强调我国高校应践行教学学术理念，认识到教学本身所具有的创造性、拓展性、专业化、探究性和复杂性，从学术高度重新审视和发展教学，实施以学生为中心的教学，有助于高校回归本真意蕴[23]。

三是主张重视过程评价，强调评价是多元主体共同建构的过程。王卫华指出，教育评价应是过程评价与结果评价的统一，教学评价应注重学生的实际学习质量、学习效果和学习方式[24]。肖云和王骥从高校在线教学质量评价的研究视角出发，认为教学评价在价值取向上要强调共同建构，教学评价应当内化于不断交互的教学与学习过程中，是教师、学生以及管理服务人员共同协商、共同发展的过程[25]。牟智佳等人依据循证教育理念，提出基于证据的循证教学评价，强调教学评价是主客体相结合、共同建构、相互促进的过程。

可见，当前教学评价已逐步从重视管理、测量和判断的价值取向转向重视教育性、发展性和过程性的价值取向。教育学评价理念要求突出人的主体地位，以育人为本作为高校教师评价的核心标准，教师评价的结果最终要成为保障学生发展及教学质量提升的有效工具。发展性教师评价思想强调评价重在促进发展而非甄别选拔，根本目的在于促进教师发展和学生发展。重视过程的教师评价理念则是随着人们对教育评价的性质与功能的认识逐渐加深而提出的，它是相对于传统的教育评价中过于重视评价结果而言的，强调过程评价和结果评价的有机融合。以人为本是评价的立足点和出发点，促进发展是评价所要达到的最终目的，在达到目的的过程中，我们应注重教育活动的过程，即注重对过程的评价。

(二)关于人才分类评价的研究动态

国内研究方面，学者们主要针对高校人才分类评价的现实困境和建设路径进行研究，形成了大量丰富的研究成果，为后续实践提供了宝贵借鉴。

首先，学者们从不同的研究视角深入剖析了人才分类评价的现实困境。李立国认为高校教师考核评价制度存在以下问题[26]。一是考核评价缺乏整体设计，针对高校层次类型和高校教师不同类型的多元化评价体系还没有建立起来。二是考核评价手段单一，没有针对不同学科建立起不同的评价指标体系。三是考核评价标准体系不完善，存在重量轻质的情况，对量的过高要求削弱了对质的要求。有的指标体系过于简单，无法全面反映教师的工作；有的指标体系太复杂，对教师要求过高，操作性不强。四是考核评价的发展性功能没有充分体现，多数高校实行奖惩性考核，仅将考核评价结果与薪酬、年终奖励等利益挂钩，没有充分用于教师的发展和能力培养，发展性考核的理念尚未深入人心。操太圣梳理和讨论了我国高校教师评价制度的不足、根源及解困路向，反思症结存在的深层因素，探究推进清理“五唯”问题进程的基本策略。他认为现存教师评价体系遵循“经济人”的人性假设，使得高校教师沦为“挣工分”、领取计件工资的“技工”[27]。沈红和刘盛提出，以“量化为主”的大学教师评价制度是物化逻辑在高等教育领域渗透的结果，要客观认识这种物化逻辑的内涵及合理与否的二重性[28]。张泳和张焱调研发现，单纯以科研评价为主的教师评价方式损害了高校教师工作的积极性，限制了部分教师晋升的空间，并进一步导致高校职能发展的不均衡[29]。王钢和蒋亦华以美国、英国、日本、德国等发达国家大学教师评价尺度为对照，梳理出发达国家大学教师评价尺度存在的三个特点，阐述了其对当代大学教师评价尺度构建的启示意义[30]。

其次，学者们也就完善和优化高校教师考核评价体系提出了很多借鉴。李元元等基于激励高校教师发展的原则，为高校设计了一套弹性的四维评价的教师评价体系[31]。沈红和林祯栋认为，在人事管理和学术内涵上存在着“二律背反”。这种“二律背反”在我国大学的表现是行政力量的主导和学术力量的屈从，提出了完善和优化大学教师评价机制的“六个不唯”[32]。杨玉圣提出高校教师评价体系应该“去SCI化”，形成以同行专家评审为主体，秉承公开评审原则，以学术为本、为学术史负责的学术评价体系[33]。童锋和王兵指出“双一流”高校应遵循从“制度先行”到“实践跟上”再到“理念重构”的改革思路，摒弃唯“帽”是举的评价标准、扭转重科研轻教学的评价导向、注重团队考核的评价视角、秉持共性与个性并重的评价内涵、坚持定性与定量相结合的评价方法、坚守短期与长期相结合的评价周期、破除重数量轻质量的评价思维、恪守德才兼备以德为先的评价理念[34]。

(三)关于师资队伍素质和能力提升路径的研究动态

现有文献在对高校教师的素质和能力进行研究时，关于教师个体的全面性描述或其职业整体发展多用“素质”，而对于教师某一方面技能的描述或提升多用“能力”。董丹认为教师素质是指以人的先天禀赋为基础，通过科学教育和自我提高而形成的具有一定时代特点的思想、知识、能力等方面的身心特征和职业修养，一般包括道德素质、知识素质和能力素质[35]。李丽丽指出，在高校教师的素质建构中，理论自觉是基石，政治自觉是灵魂，学术自觉是核心，教育自觉是使命，这是高校教师素质建构的四个维度[36]。欧阳小迅等运用胜任特征评价技术对高校教师素质特征的结构维度进行初步探讨，发现知识素质特征、能力素质特征、反思素质特征、创新素质特征、操守素质特征及行为素质特征是高校教师素质特征评价中六个极具代表性的结构维度[37]。

对于教师能力的研究多通过教师胜任力展开。祁艳朝等认为高校教师胜任力是衡量教师综合业务能力的一项重要指标。他们在研究中构建了高校教师胜任力模型，通过问卷访谈的方式得出了教师胜任特征的 24 个题项，并通过因子分析发现教师胜任特征分为个人魅力、教学水平、科研能力和人际沟通四个方面[38]。近年来，对高校教师基础研究能力的要求逐渐提高。王刘华等通过研究认为优秀高校教师的胜任力包括显性的教学科研能力，隐性的学生导向、组织管理、沟通与交往、人格特质和成就导向能力[39]。郑继兵等研究认为高校教师的素质与能力结构包括人文基本素质与能力、业务素质与能力、实践素质与能力、科研素质与能力四个部分[40]。邓修权等构建了研究型高校教师能力素质模型，提出具有较强可操作性的教师岗位通用能力素质模型，主要包括个性特征、必备知识、工作技能与综合能力、工作经历经验与成果，并通过对北京航空航天大学优势学科的教师能力素质进行问卷调查收集数据，借助统计分析工具验证了该模型的有效性[41]。

在素质与能力提升方面，余燕等提出，在“双一流”背景下，地方行业特色型高校应继续在特色优势学科领域精准发力，打造一流的行业学术成果和培养一流的行业技术人才[42]。通过选派特色学科中具有发展潜力的教师到国外研修或者访学，深度参与国外高水平研究机构科研项目，进而了解学科发展的国际前沿，开阔教师的国际化视野，提高学术科研能力。加强国际协同创新，可以牵头国际或者区域性重大科学计划和科学工程，从而创造出具有国际水平的科研成果。宁滨提出了当前高校教师队伍建设的一些建议，如加强教师专业技能培训，提升教学学术发展能力，积极搭建教师发展平台；加强院系教研室等学习共同体建设；加强学校内部多部门协同，组织研修活动，建立完善的传帮带机制，开展教学研究与指导，推进教学改革与创新；创造更多现场锻炼、行业挂职、出国研修等机会，为优秀青年人才尽快成长打造良好的平台[43]。乐融等提出以非均衡发展和错位发展的原则配置教师资源，优先支持特色优势学科团队和领军人物的发展需求，重点加快培育与扶持优势学科领军人物与一流科学家，再兼顾学校整体师资力量的建设与发展[44]。杜运伟等建议地方行业特色型高校的师资队伍建设要重视学科带头人的选拔和培养；要健全青年骨干人才培育体系，培养一支年龄、职称、学缘结构合理，具有创新精神和活力的学术梯队；要强化高层次人才对一流学科的引领和支撑作用等[45]。潘懋元等提出，特色型大学也可以通过有计划地安排教师到对口行业或单位进行专业实践和实地考察等方式，支持教师把教、学、研结合起来，帮助教师提高专业实践能力，以满足教学需要；同时建议国家要加强对行业特色型大学优秀师资的培养，制定相关政策鼓励学校选派中青年学术骨干和学科带头人到国内外高水平大学进修，并到相应行业系统参加行业的高级研讨与培训，了解行业技术发展前沿，参与行业类重大项目的攻关[46]。

二、国外教师评价的理论研究

本书全面梳理了国外教师评价的研究进展，包括教育评价理论的研究、教育评价模式的研究、人才分类评价的研究、师资队伍素质和能力提升路径的研究。

(一)关于教育评价理论的研究

现代教育评价思想与教育测验运动密不可分，作为一个科学概念，教育评价产生于20世纪30年代美国进步教育协会发起的“八年研究”改革运动。教育评价作为一个重要的学术研究领域，在国外形成了丰富的研究成果。

美国教育评价专家古贝和林肯依据评价工作的重点差异，将国外教育评价发展过程划分为四个阶段。“教育测量之父”桑代克引领了世界教育史上著名的教育测量运动，由此诞生了第一代教育评价理论。第一代教育评价理论以测量为主，重点工作是编制测验各种量表，旨在测量学生的一些心理技能与特征，评估者的角色是技术性的。第二代教育评价理论以描述为主，侧重对测验结果进行描述，旨在判断实际的教育活动在多大程度上达到了预期的教育目标，评估者的角色是描述性的。描述时代的教育评价理论以拉尔夫·W. 泰勒的目标导向评价模式为代表。第三代教育评价理论以判断为主，评价重心转向评价标准和价值观本身，以努力得出价值判断为主要特征，评估者的角色本质上是决策性的。第四代教育评价理论主张采用利益相关者的主张、焦虑和争议作为组成元素，以建构主义范式作为理论基础，评价成为不同的利益相关者全面参与、协商共建的过程[47]。从整体上看，四代教育评价理论的发展过程中，教育评价研究呈现出从科学主义范式逐渐向人文主义范式倾斜的特征，价值取向由社会本位转变为个人本位。

(二)关于教育评价模式的研究

1929年，泰勒首次提出了“教育评价”一词，并在“八年研究”改革运动的基础上创造性地提出了教育史上第一个真正意义上的评价模式——行为目标(behavioral objectives)评价模式。泰勒认为开展评价的依据是把评价内容分解成可测量、可操作的行为目标，使评价围绕这些行为目标进行观察和测定。他将评价过程分为四个步骤：确定教育目标—设计评价情境—选择和编制评价工具—分析评价结果。此后，围绕泰勒的行为目标评价模式，许多学者基于不同的评价需求，对泰勒原理进行了发展、改造及批判。本杰明·布卢姆继承并发展了泰勒的思想，提出了教育目标分类学这一重要思想，将评价依据不同的实施时期与功能划分为诊断性评价、形成性评价和终结性评价三种类型[48]。以里夫林为代表人物的系统分析(system analysis)评价模式与行为目标评价模式较为相似，强调科学实证方法、定量资料和数学技术的使用。针对行为目标模式过于关注预期目标的弊端，斯克里文提出了目标游离(goal free)评价模式，主张评价者应该关注课程教学的实际结果，而不是预先设定的目标与计划。

随着教育评价方法的人文主义取向的迅速发展，出现了一系列新的教学评价模式。斯塔弗尔比姆提出了CIPP(背景context、输入input、过程process、成果product)评价模式，认为评价最重要的目的不是为了证明，而是为了改进，评估人员必须将设计视为一个过程，而不是一个产品。斯塔克提出了应答评价(responsive evaluation)模式，认为应答评价是以牺牲某些测量上的准确性，换取评价结果对方案有关人员来说更多的有用性。艾斯纳基于艺术与文学评论的传统提出了文艺评论(art criticism)评价模式，主张教育评论家根据经验和所受的训练对教育方案的重要方面做出判断。这些评价模式都体现了人文主义科学的某些特点，从人的角度出发，重视人文社会科学方法的运用，不过分追求客观性。

(三)关于人才分类评价的研究动态

国外研究方面，Arora(阿罗拉)等把关键绩效指标方法应用到高校教师评价体系构建中，建立了以学术成果、职位安排、研究和咨询情况等为指标的高校教师考核评价体系。Yousif(优素福)等综合考虑卓越的研究和科学活动、教学质量、院系公共服务、知识转移、学生评价、同行评价等方面，构建了一种区分不同岗位职责的分类评价体系，并以苏丹大学教师评价为实例，证实评价体系的合理性。Manz(曼茨)等认为，优秀的科技人才，尤其是能够独当一面的高层次人才，领导能力显得尤为重要，激发高层次人才的领导能力，能够同时提升其勇于挑战、敢于攻关的科研能力。Hallinger(海林杰)等运用实证分析法证明了高校教师绩效评价指标体系与高校发展战略之间紧密的关联关系。

(四)关于师资队伍素质和能力提升路径的研究动态

国外有关教师胜任力的研究起源于能力本位教师教育、能力本位职业教育和人本教师教育。Dineke(迪内克)指出教师胜任特征是指教师的人格特质、教学技能、教学态度以及知识储备的总和，胜任特征与教师的教学成绩正相关。Bisschoff(比斯绍夫)和Grober(格罗贝尔)提出了教育能力和协作能力的二因素教师能力模型。Danielson(丹尼尔森)和Björk(比约克)提出的教师胜任力模型包括计划与准备、教师环境组织管理、教学和专业责任感。Tigelaar(蒂格拉尔)和Vleuten(弗伦丁)提出教师胜任力是指教师个体的人格特质、学科知识、教学技能以及态度的综合[49]。

第二节 关于教师评价体系的研究进展

教育评价的多维性、多层次性决定了其组织的多面性和立体特征，它的每个维度又包括许多要素，而各个要素往往又是一个具有一定结构的系统，这些子系统彼此互相联系、互相制约，进行着非线性的相互作用，并通过与外界交流信息形成和维持着时空有序结构。高校教师评价也是一个由若干个评价要素(评价子系统)相互作用、相互联系而形成的评价体系，这一评价体系涵盖评价目的、评价主体、评价指标体系、评价方法、评价结果等诸多要素。

一、关于教师评价目的的研究

评价目的研究主要解决的是“为什么评价”的问题，评价目的不明确，评价的真正意义和价值就难以实现。随着评价理念的更新与发展，人们对高校教师教学评价目的的认识也发生了很大的变化。

(一)国内关于教师评价目的的研究

一是认为教师评价既要以促进教师发展为目的，又要辅助学校管理。王汉澜认为教师评价具有双重目的性，认为教师评价既以管理为目的，又以发展为目的，管理有利于教学效能、科研成就的核定，发展则有利于教师提高自己的职业水平[50]。李小庆和王果胜指出，高校教师评价的目的在于提高人才培养质量、促进教师专业发展以及辅助学校管理决策[51]。罗玉萍等人指出，教师评价的目的，一是加强教师绩效管理，二是促进教师专业发展，后者既是长远目的，又是根本目的[52]。陆一等人指出，评价的目的在于赋能教师教学发展、为教师提供专业支持，最终在大学内部构建人人关心教学、认真讨论教学、合力提升教学的氛围[53]。

二是强调高校教师评价的最终目的是促进学生的发展、提升教育质量。眭依凡强调，高校本科教学评估的最重要目的是使高校坚持以生为本、以人才培养为核心使命的办学理念，按大学的规律办学、按人才成长的规律教学、按科学管理的规律治校，确保教学和人才培养应有的质量[54]。刘丽娜等认为，教学评价要遵从以教师发展为本，且教师发展的终极目标是促进学生发展[55]。杜瑞军认为，“好的教育评估”本身就是教育活动的一部分，服务人的发展、服务教育事业的发展是教育评估的根本目标[56]。刘卓认为，高校教学评价只是手段并非目的，其目的仍然是让高校形成一种长期有效的机制促进自我提升，真正推动教学质量进步[57]。

(二)国外关于教师评价目的的研究

国际上关于教师评价目的的研究大致有三种观点。一是重视管理和监测，以辅助学校管理为目标。Colby(科尔比)强调，有效的教师评价既涉及问责制，也涉及发展目标。二是以促进有效教学(effective teaching)为目的，对学生学习结果的关注是这一时期的重点。Cladera(克拉德拉)指出，学生是教育系统中的关键因素，以提高学生学习效果为评价目的，能使教师找出优先方面，集中精力改进教学，以提高学生满意度，进而提高学生的表现。Mazandarani(马赞达拉尼)和 Troudi(特鲁迪)认为，以促进有效教学为评价目的，能够加深政策制定者对教师需要具备的素质和技能的见解，使教师不断反思自己的实践，提高自己的认知和元认知能力、教学和专业技能。三是以促进教师的教学能力提升和专业发展为目的。改进教师教学是教师教学评价的目的，教师是教学工作的研究者，评价过程应注重教师本身对教学工作的反思，评价应促进教师获得专业性教学发展。

二、关于教师评价主体的研究

在高等教育普及化发展的过程中，高校教师评价的构建日趋复杂，评价主体由单一走向多元。教学评价的评价主体是指对教学活动及其成效进行信息收集，并做出客观衡量和价值判断的人，通常包括政府、学校管理者、教师同行、教师本人、学生及社会等。不同的评价主体各有利弊，如何给评价者赋予权重主要取决于特定的教学评价本身。针对不同的评价主体，学者展开了丰富的研究。

(一)教师自我评价与同行互评

有关教师自我评价的研究与探讨颇多，主要针对教师对自身教学工作的自我评价。吕健安认为，实施教师自评制度，有利于教师积极地对自己的教育教学过程进行反思，及时调整，因此必须树立教师的自我评价观念[58]。刘振天指出，要加强自我评估，使教学评估生活化和常态化，使其内化于教学生活过程，真正为教师和学生认同、接受[59]。韩青松、庄国波通过阐述教师自我评价的内涵意蕴、价值作用和理论基础，以实证数据为分析基础，提出要重点关注教师的自我评价在高校教师评价体系中的实际应用。周群英和刘晓雪强调，为了能从更专业的角度对大学教师的教学工作做出科学合理的评价，应该充分发挥教师在评价过程中的主动参与作用，将教师自评和同行评价作为领导决策的重要信息来源[60]。除教师自我评价之外，同行之间的评价正在增多，同行评价越来越引起理论界与实践界的重视。宋烨和陈金芳指出，同行的评价立足于学术共同体的智力环境，在专业判断上有着相对于教师自评、学生评价等所不具有的优势[61]。朱善华认为，同行评价者熟知教育理论与教学法，有敏锐的观察力，客观公正，能提供清晰完整的反馈和具体实用的建议[62]。

(二)学生评价

学生是教学活动的双主体之一，直接参与教学的建构与生成，是高校教师评价的重要主体。

1. 国内相关研究

以学生为评价主体是目前的重点研究领域之一，尤其是学生评教，学者们主要针对学生评价的有效性和可靠性、制度建设、指标体系、存在的问题及措施等方面开展研究。

一方面，学生评教结果的真实性和客观性历来饱受质疑。马浚锋和罗志敏指出，学生评教结果及行为表现在教学因素与非教学因素的双重影响下，会出现偏离与异化，将导致教学实践陷入学习简单化、教学狭隘化以及教育平庸化的泥沼[63]。郝龙飞和操太圣认为，学生评教制度发生异化是"水课"形成的重要管制性制度因素之一，学生评教在实施过程中由于本身的价值偏移导致教与学的关系异化，使传统上的师生伦理异化为互惠互利的"生意"关系[64]。包水梅和陈嘉诚基于对 2139 门课程学生评教数据的实证分析，发现学生年级会对学生评教结果造成显著影响，传统印象中学生评教分数与学生学习成绩呈正相关的现象实际上也是可能发生的，课程属性、教师职称也是学生评教的重要影响因素[65]。

另一方面，学生之学是教师之教的必要遵循和根本依据[66]，以学生为评价主体的评教制度合乎教育发展规律，因此学界针对其改革措施及路径开展了深入研究。李慧与王凤秋提出从指标体系、实施过程、结果反馈机制、第三方评估等方面优化高师院校学生评教制度[67]。刘理等主张建立正义的学生评教制度，营造以正义为导向的学校教学管理整体氛围，构建正当性与科学性统一的评教体系，实施评教与评人相统一的评价模式[68]。

2. 国外相关研究

当前研究较为注重对学生评教的研究，既关注学生作为评价主体的反馈、评价和体验，也重视教学评价与学生学习效果之间的关系。付八军和冯晓玲指出，在美国，除重视教师自评外，教学评价权基本上交给了大学生[69]。Sabri（萨布里）以英国全国学生调查（national student survey）作为学生评估教学的案例，研究发现调查数据的产生和运用具有较强的实际价值，全国学生调查的重要性远超其预期用途，有利于重新定义高等教育工作以及学生与管理者之间的关系[70]。麦克莱恩认为当学生获知评价结果能有效衡量教学质量时，他们在参与评价时将表现得更加诚实认真。Makondo（马孔多）研究发现，从学生与讲师评估中获得的见解是大学教师和行政人员在寻求提高大学教学质量的过程中需要考虑的重要信息来源[71]。也有很多研究者对学生评教的有效性持质疑态度，如Spooren（斯波伦）等基于学生评教元验证模型的研究指出，虽然学生评教的研究做了很多，但现有研究未能就学生评教的有效性的一些关键问题提供明确的答案[72]。

（三）管理者评价

管理者主要指校长、高校管理部门的行政督导人员及教师的上层管理人员。管理者评价实质上是对教育政策的施行进行督导、落实的主要方式之一[73]。赵锋指出，管理者在权力博弈中始终处于主导地位，在进行大学教师评价制度的选择时，通常会选择能够最大化满足其利益需要的制度[74]。赵燕等指出行政权力扩张，而教师自主性缺失。行政主导的教育评价模式将教师这一主体排除在外，作为评价对象只能被动配合，无法获得有效反馈，缺乏申诉途径，教师自由发展空间被压制，教育及科研自主性缺失，成为知识生产工具[75]。

（四）政府评价及社会评价

在政府评价研究中，学者们从新一轮本科教学评估的效度、政府与高校的权力边界等方面开展了深入研究。方潜生等人强调，本科教学评估要结合自身实际自主设定质量标准，须实现质量保障工作由“外塑型”向“内生型”转变，进一步强化高校在质量保障机制、质量持续改进等方面的主体责任[76]。陈栋指出，基于对本科教学评估制度建设历程的基本逻辑的分析，命令性、系统变革的政府政策工具虽然一直占据重要位置，但其核心作用却逐渐让位于劝告或劝诱、激励性和能力建设的工具[77]。杜瑞军主张，教育评估要尊重学校的自主性，超越监管和问责，真正激发学校发展的内生动力。宋佳指出，学校作为本科教学质量实施主体，在课程、专业、财政等方面受制于政府，大学的自主权是有限的自主权[78]。

在社会评价研究中，学者们主要围绕社会评价的意义及措施等方面展开研究。围绕社会评价的意义和必要性，学界展开了丰富研究。章宁和李峻认为，社会力量在高等教育评估中缺位，必须要采取有效措施提升社会参与高校评估的效果[79]。计国菊和王章豹强调，社会问责是我国高等教育评估改革和发展的必然选择，要真正实现对高校的社会问责，就要设计公众参与机制，让公众发挥积极的作用[80]。

为积极推进社会这一评价主体参与高校教师教学评价，国家出台了一系列政策。2015 年修订通过的《中华人民共和国高等教育法》增加了“教育行政部门负责组织专家或者委托第三方专业机构对高等学校的办学水平、效益和教育质量进行评估。评估结果应当向社会公开”的条文，说明第三方教育评估已经成为高等教育界的共识，有了法律依据[9]。2020 年，中共中央、国务院印发《深化新时代教育评价改革总体方案》强调，构建政府、学校、社会等多元参与的评价体系，建立健全教育督导部门统一负责的教育评估监测机制，发挥专业机构和社会组织作用。良好的政策基础促使我国的社会教育评估机构如雨后春笋般兴起。芦伟认为，教育为社会服务，社会就必然有权利对高等教育的实际水平进行监督，并且民间力量作为独立第三方，与各利益主体间没有直接联系，更易保持中立性[81]。任雯认为，第三方评估是高等教育质量提升的内在要求，是扩大高等教育参与的外在表现，也是创建高等教育特色的中介桥梁[82]。

(五)关于评价主体的问题研究

在构建多元评价主体体系方面，评价主体对教师评价的重视程度不足是突出问题。赵锋指出，由相关评价主体的现实行动与实质性投入可知，大学管理者、大学教师乃至大学生均在一定程度上忽视了教学评价的重要性。一是学生评教有效性不足。肖娜指出，评价的主体往往是高校管理部门和校内同行专家，教师自身基本没有主体性；学生评教的形式化现象比较普遍[83]。刘勇指出，学生评教是客观可取的，但是评价结果却由于学生自我意识、认识水平以及班级学风不同而出现较大差别[84]。二是教师自我评价客观性不足。王义宁对广东省民办高校的教师自我评价进行了实证研究，发现在教师评价方面，教师对自己专业发展水平较为肯定甚或高估，而这种自我评价的高估与整体的实际水平存在一定程度的偏差[85]。

三、关于教师评价指标体系的研究

评价指标是评价的标准和尺度，是衡量、比较事物的基本依据，不同的指标能够反映不同的内容和范围。指标体系则是评价指标的集合，是一个信息系统，是反映评价对象全貌的信息集合。

(一)教师评价指标体系的构建研究

高校教师教学评价指标体系的构建研究是当前的研究热点。能否确定相应教师教学评价的内容体系，将成为高校教师教学评价乃至教师评价走向科学化、规范化和民主化的关键。邢磊和张兴旭基于有效教学理念，设计开发了“三元六维”的MATE(教学有效性评估)多元评价工具，整合了教学行为、教师特质、课程特质、学生特质、学生满意度和学习成效六个维度，集学生评教、同行评议、教师自评于一体[86]。陈春莲和唐忠基于发展性教学评价理论，构建了“五维一体”发展性教学评价体系，涉及教师、学生、同行、教学督导者和管理者五个评价主体，且各有不同的评价内容及权重[87]。李欣和张威针对线上和线下“双线融合”的教学新常态，构建了教师评价和学生评价相结合的在线教学评价指标体系基本框架，教师评价和学生评价分别涉及10个一级指标和二级指标[88]。高一波对陕西本科高校课程思政教学评价体系展开扎根理论研究，选取科学的测评指标构建了涵盖5个一级指标、15个二级指标和50个三级指标的课程思政教学评价指标体系[89]。

关于教师教学能力的指标体系构建也是研究热点之一。孙玉芹等从专家、同行、学生、领导和教师五个角度给出了侧重点不同的评价指标，再将这五个指标的数值进行加权平均，拟构建一个切实可行的评价指标体系，以求在实际操作中有一个可以量化的依据[90]。张忠华等基于实证研究和逻辑分析证明，教师的教学能力结构主要包括：对教学内容的理解、转化与表达能力，教学方法手段和媒体的选用能力，教学诸要素的整合与设计能力，教学组织与沟通能力，调动学生学习积极主动性的能力，教学评价与反思能力，教学研究能力和教学创新能力[91]。许迈进等以扎根理论质性研究法为依据，通过内涵探讨、数据收集、文本编码等步骤可构建系统明确的研究型大学教师教学能力结构体系：一是三个横向的能力维度，即知识内容、教学技能和专业态度；二是七项主能力，即学识基础与素养、内容开发与拓展、教学反思与研究、课堂组织与监控、教学表达与交往、角色情感与倾向以及学术魅力与品格；三是行为表现，共56条具体指标要素[92]。盛艳燕等基于多面Rasch(拉施)模型对大学教师课堂教学能力评价方法进行研究，实证结果表明不同听课人打分的宽严度不一致并对三个评分维度把握不准确，使用教师能力估计值结合聚类分析法划分等级才能更加准确地对大学教师的课堂教学能力进行评价[93]。任仕蓉等运用专家访谈法、问卷调查法对西南大学化学教师教育研究所黄梅团队构建的“中学化学教师教学能力表现性评价指标体系”进行修订，运用决策技术中的层次分析法确定了指标体系权重[94]。此外，李志河等基于对教学学术及高校在线教师能力水平相关文献的分析，初步构建了高校在线教师教学学术能力评价指标框架，并通过两轮专家咨询、结构方程模型指标路径分析和层次分析法确定指标权重等系列过程，最终形成了高校在线教师教学学术能力评价指标体系[95]。杨世玉等采用德尔菲专家咨询法，建构高校教师教学能力评价指标体系，其中包括教学内容选择与开发、教学整合与转化、教学表达与交往、教学评价与反思、教学研究与创新、信息素养与技术能力6个一级指标、12个二级指标和26个三级指标[96]。徐顺等通过梳理国内外典型教师能力标准，结合新时代党和国家关于思政教师的要求，构建了中职思政教师教学能力理论框架、教学能力标准，并通过探索性因子分析和验证性因子分析验证其合理性[97]。

(二)教师评价指标体系的问题研究

终结性评价及其甄选功能依旧是教师评价的主流，亟须探寻切实有效的发展性评价指标体系。

刘秀梅指出高等教育领域教师教学质量评价的重心仍然是对当前教学效果的比较和评定，评价方式以效率更高、更易操作的量化评价和终结性评价为主，大多数情况下评价结果完全以分数或等级的形式呈现，或者以分数或等级作为评价结果的主要呈现形式。苏强等认为当前教学能力还存在着提升方式单一、教师发展理念滞后、主体意识不强、动力机制欠缺、教学发展中心作用不突出、专业性学术性欠缺的问题[98]。周群英指出，长期以来，我国高校内部管理体制实行科层制，对高校教师推行自上而下的划一式管理，而管理者又通常把学校的组织发展工作摆在首要位置，教师参与教学实践与研究缺乏制度支持。梁靖指出，目前，我国教师教育教学评价体系主要着眼于科研、获奖、专利等能够体现教育政绩的定量化要素和教育教学的输出端要素，忽视了教育方法等教育的过程性要素[99]。尹天光认为，现有评价方法多以结论性评价的形式存在，各类教学大数据整合分析欠缺，评价结果简单唯一，没有进行数据的深度采集和全面分析，使得教学评价在引导和推动教师教学发展上的作用难以施展，教师的发展受到阻滞，从而影响了人才培养的质量[100]。李作章认为，虽然我国政府鼓励大学进行自评自建，但是在实际操作中，大学仍主要以国家和地方政府制定的评价指标为准。院校合格评估指标体系、优秀评估指标体系、随机性水平评估指标体系、合格评估指标体系以及审核评估指标体系成为不同时期大学教学评价的基本遵循，选拔分等的意味较为明显[101]。陆启越认为，在“科技理性”和“工具理性”的遮蔽下，以量化测评为主的总结性评价仍然是当前我国高校思政课教学评价最主要的方式，绝大多数高校思政课教学评价仍然采取固定、统一、纸质的模式，实践教学环节也以提交的纸质材料为评价依据，注重结果评价而忽视过程评价[102]。

戴瑞亮认为，高校现行的教学评价指标体系大多用同一标准评价所有教师，忽视了不同课程教学的差异性[103]。向俊杰和陈威指出，部分学校所有的评价主体都用相同的指标，且严重忽视了教学内容指标的重要性[104]。王若梅指出，我国学界对评价理论基础的研究开展较少，与我国大学教师教学特点相符合的具有中国特色的具体评价模式也十分欠缺，致使评价体系某种程度上缺乏理论支持[105]。

(三)国外关于教师评价指标体系的研究

Danielson(丹尼尔森)和McGreal(麦格里)从1983年至1988年对教师的教学能力评价体系进行研究，并总结其研究结果，制订出一个全新的评价体系，其中包括制订教学计划的能力、教学实施能力、课堂管理能力、教学评价能力和知识传授能力等[106]。Simpson(辛普森)和Smith(史密斯)曾对助教应该具备什么样的教学能力进行了细致研究[107]，随后辛普森又针对教师应该具备的教学能力，采用德尔菲法进行论证，最终确定了27项对教师教学非常重要的能力。研究指出，相比助教应该具备的管理、服务的能力，教师更应具备一定的课程规划能力，以及学术、表达、交流和人际关系相关技能。吉尔等学者通过对有效教学的研究得出其核心的专业能力构成：创设清晰且移情的学习环境的能力、促进学生积极参与的能力、迎合学生学习需要的能力、帮助学生认定学习结果的能力、努力进行自我发展的能力。

四、关于教师评价方法的研究

高校教师评价方法具有多样性，不同的角度、不同的层面有不同的分类。依据评价的目的不同，可以分为终结性评价、诊断性评价和形成性评价。

(一)教师评价的主要方法及分类研究

诊断性评价是好的教学工作的一个基本组成部分，在教学开始前对师生的准备程度进行双向了解，旨在更好地提升教师的教学和学生的学习效果。形成性评价是在教学过程中进行的评价，目的在于收集教学过程各个部分的信息，确定需要修订和改进的方面。总结性评价则是在教学过程完成后所施行的评价，主要目的在于对教学计划的成效做出整体判断，以便进行评定或证明。按照评价的分析方法不同，可以划分为定性评价、定量评价及质性与量化相结合的评价。定性评价是指按照一定的评价标准，对社会现象或事物的属性有无价值及有何价值所进行的判定与评估。定量评价则是指评价主体按照一定的评价标准和数学工具，对一定客体的价值进行的量化估量，是对价值量的判定与比较。质性与量化相结合的方法即综合运用量化方法与质性技术进行的评估。

按照评价的基准不同，可以分为绝对评价、相对评价和个体内差异评价法。

相对评价是在被评价对象的群体中建立基准(通常均以该群体的平均水平作为这一基准)，然后把该群体中的各个对象逐一与基准进行比较，以判断该群体中每一成员的相对优势。绝对评价是在评价对象的集合之外确定一个标准，评价时把评价对象与客观标准进行比较，确定评价对象达到目标基准绝对位置的评价方法[108]。个体内差异评价法是指以评价对象自身各个元素为基准进行价值判断的一种手段[109]。按评价的统计学方法不同，可分为简单统计加权方法、层次分析法、数据包络分析法、模糊综合分析法、模糊粗糙集理论、灰关联分析法、结构方程分析、马田系统等。按照参与评价的实施人员不同，又可以分为内部评价和外部评价。内部评价即自我评价；外部评价则包括同行评价、管理者评价、社会评价及第三方机构评价等。

大数据、混合方法的实证研究是时下备受瞩目的研究范式[110]。汪雅霜和汪霞指出，基于混合研究方法的实证分析能够有效评估教学质量，混合研究方法通常有三种核心的基础设计方案，即聚敛式设计、解释性序列设计和探索性序列设计[111]。牟智佳等人认为，人工智能和数据科学技术的快速发展促使教学评价从传统的基于感知的评价向现代的基于证据的评价转变，由此催生循证教学评价[112]。随着视频采集设备和处理技术的快速发展，课堂教学视频逐渐成为教学评价的重要工具，谢从华等人设计了面向教学评价的 SBD(镜头边界检测)模型，为基于视频的大规模教学质量的常态化监测发展做出了贡献[113]。

在具体的实践操作层面，不同学者提出了多种多样的教学评价工具。于青青和冯菲认为教学档案袋是评估高校教师教学发展工作成效的重要资源[114]。吕健安主张运用增值评价法，即利用统计学方法得出教师对学生考试成绩的影响程度，借此判断教师的教学质量[58]。俞佳君强调要建立以学习为中心的教学评价方法，采用多样性和丰富化的教学评价方法和工具，包括教学材料评价、教师自我评价清单或量表、调查问卷、学生座谈、课堂观察、教学档案袋、学习成果评价等多种评价方法。

(二)教师教学评价方法的问题研究

教师教学评价方法日趋多元化，如何有效选择、运用教学评价方法和技术对评价目的的达成起着非常重要的作用。骆美认为，中国高等教育教学与科研失衡的原因虽表面看来自制度的价值取向，而实质在于评价实践长期面临着技术瓶颈[115]。沈玉顺指出，国内高等教育评价方法技术的应用水平一直比较低，相关研究也比较薄弱；实践中存在的最大问题是，许多评价者试图用总结性评价方法达到形成性评价的目的[116]。

第三节　关于教师评价制度的研究进展

本书全面梳理了关于教师评价制度的研究进展。

一、教师评价制度的内涵研究

对于教师评价制度的内涵研究，不同的学者从不同的理论视角出发进行了研究。牛风蕊从多重制度理论逻辑出发，认为教师评价制度是现代大学学术管理制度的核心内容，其形成和发展不仅反映着高校人事管理政策和发展目标的价值导向，同样受到政府、市场(社会)等利益相关者的深刻影响，是多重逻辑共同形塑的结果，并分析了高校教师评价制度体系变迁过程中政府逻辑的主导、市场逻辑的驱动、高效管理逻辑的需求[117]。陈明从历史制度主义出发，提出我国高校教师评价制度以渐进与突变交替的方式变迁，整体呈现一种断裂平衡状态，并将改革开放以来高校教师评价制度变迁划分为三个时期，1978—1985 年是恢复重建期、1986—1998 年是解构创新期、1999 年至今是内涵发展期[118]。余婉娜则基于角色理论提出大学教师评价制度是一种质化判断的价值尺度，并影响大学教师的实际角色行为[119]。喻冰洁和王景英从伦理方面对教师评价制度进行了分析，教师评价制度作为教育制度的组成部分，表征出强烈的国家意志，使教师将满足制度要求视为赖以生存的前提条件，同时也指出，当教师自身价值的体现依附于教师评价制度的展示平台时，教师的自主精神随之逐步丧失，教师评价的自由和民主逐步丧失[120]。

二、国内教师评价制度改革的研究

现有研究对破“五唯”背景下高校教师评价改革进行了初探。一是从整体层面对高校的师资队伍现状和存在问题进行了分析；二是识别出教师评价制度、激励制度、薪酬制度等措施的重要作用与存在问题；三是创造性地提出了人才分类评价建议，并进行了案例分析及数据检验；四是系统梳理并形成了高校教师应具备的重要素质能力模型。但针对破“五唯”提出以来各高校教师评价改革的成效评价类研究较少。此外，面对新发展阶段、新发展格局，如何持续更新高校教师评价理念，如何通过制度体系建设推动改革，如何破“五唯”、立“新标”，仍亟须进一步探索。

(一)高校教师评价改革已取得阶段性成效，需及时评估

现有研究认为高校教师评价改革主要存在以下五方面的问题。一是考核评价

缺乏整体设计。刘志军等提出，要构建以教师发展为导向的评价体系，需要涵盖以下三个维度：知识技能、自我理解和生态转变，而这就需要从传统的以“鉴定、分等、控制”为核心的教师评价方式，转向新型的以“促进、改善、发展”为旨归的评价理念，实现教师评价功能的“心式”转换[121]。二是考核评价手段单一，尚未建立分类评价指标体系。破除“五唯”，要在破立结合上下功夫，破是前提，立是关键。肖国芳等建议应以质量、贡献、创新为导向构建科学、开放、多元理性和高效的学术评价体系，充分尊重教育和科技基本规律和人才成长规律，让各类创新得到尊重、让创新源泉充分涌流[122]。三是考核评价标准体系不完善，存在重量轻质的情况。左惟提出，高校应正确处理好量与质的关系，强化学术研究的质量和育人根本成效。要建立完善学术代表作制度等代表性成果评价机制。从单一的以论文数量和载体级别作为主要评价标准，转向将论文作为多元评价标准之一。从平面地看论文数量，到立体地既看数量又看质量更看实际价值。从短期地看热点论文，到长期地看论文对国家社会发展的真正意义[123]。四是考核评价的发展性功能未能充分体现，多数高校依旧实行奖惩性的评价考核。李立国指出，“评审的目标不是把教师分为三六九等，而是使教师看到努力就有希望，目标、标准和程序要保持稳定和长期性，杜绝每年一套标准，特别是因领导意见和个别偏好而随意设置和改变标准。标准和程序要经过学术委员会讨论通过，使评审在阳光和制度下运转，杜绝行政权力的干涉”[26]。五是缺乏对现阶段改革成果系统性的评估与总结。目前关于教师评价改革成效的研究不多，且均集中在2018年左右，此后的研究成果未能与时俱进地观照到教师评价改革成效的评估，而司法管理体制改革等同类改革则不同程度地开展了成效评估方面的研究，其研究对象与研究方法值得借鉴。

(二)高校教师评价改革的理念与制度体系研究尚不充分，需开展系统性研究

一是教师评价改革的价值导向以及理念遵循仍存在一定程度上的偏差，如强化了大学教师“经济人”特征，将绩效考评与收入、荣誉、地位等挂钩，弱化了大学教师教书育人和自我实现的学者特质。王向东认为，“失去精神支柱的大学教师在面对评聘制度背后的利益诱惑时，常更看重自身物质利益的得失，对待教学科研活动敷衍了事”[124]。二是亟须重构评价指标体系，王洪才指出，要破“五唯”必须先减少行政干预。取消按照行政等级设置的学术评价体系，如项目、奖项和“帽子”，把论文评价和职称评价交给真正的学术团体，实现学术评价自主，使学术评价回归学术主体自身[125]。三是教师评价体制机制亟待完善。多所高校现已推行代表作评价制，但因科研成果的复杂性、制度设计缺陷、现实评价环境不成熟等，尚未完全取代定量评价主体地位，多数作为定量评价的补充。马茹等认为，在推行教师评价改革的进程中，高校教师的代表性成果如何认定、有何标准，同一学科不同领域间如何比较，如何保持评审专家不失公允等难题仍有待深入研究[126]。

(三)高校教师评价改革仍然存在问题，亟待研究解决

教师评价涉及教师引进、职称评聘、绩效考评等多个方面。学者在梳理"双一流"高校人才引进政策文本后，发现"帽子"与待遇仍然在一定程度上紧密相关，应注重实行代表作、标志性成果的同行评价制度。在职称评聘等工作中，要变"五"为"N"，变"唯"为"维"，实施多元化评价。在绩效考评中，高校教师评价制度的改革应当重新审视绩效评价的价值效用，重视评价的激励与调节功能。杨琪琪等指出，当下高校教师评价强调通过外显的绩效指标评估教师的工作成果，但忽视了评价对于教师自身专业发展的重要作用，呈现出单向评价的特征[127]，这就导致教师受指标单方面引导而产生功利化的行为取向。因此，高校绩效改革应当回归教师发展本身，从促进教师专业发展的角度不断完善评价机制，增强评价的反馈互动，同时以激励为主，避免惩罚式绩效，给教师留出自主调节空间。

三、国外教师评价制度改革的研究

本书全面梳理了关于国外教师评价制度改革的研究进展。

(一)教师评价过程重视"测量"与"判断"并重，但也存在"测量"有余"判断"不足的现象

为了改变科教分离引起的重教学轻科研评价导向，近年来，法国正尝试从根本上解决这个问题，即整合大学、大学校与科研院所，不断提高科学研究在教师评价中的比重和地位。巴黎-萨克雷大学是最具代表性的一所大学，该大学是法国"卓越大学计划"的产物，由地理邻近的 3 所大学、4 所大学校与 7 个研究所合并而来，旨在带动法国高等教育高层次整合，消除不同类型机构之间科教分离的隔阂[128]。美国高校的同行教学评价主要包括形成性教学评价与总结性教学评价两种类型，并且不同评价类型都有比较明确的标准，在评价的过程中也做到与被评价者保持充分的沟通，一定程度上确保了评价制度的客观性和公正性。英国华威大学采用以定性评价为主、定量评价为辅的学术评价模式，不论是具体的评价指标还是整体的评价机制设计，都突出了同行评议的作用，很少以数量作为评价标准，课堂教学评价、教研活动参与、教学法创新成效报告、教学实践影响报告等教学成效的证明材料均可作为教学评价的依据，能够有效避免滥用定量指标可能导致的目标替代效应及其诱发的教师投机行为[129]。

(二)建立多元主体共同参与的教师评价制度已成为各国高等教育发展的趋势

英国高等教育已形成了政府外部评价、社会评价、高校内部评价多元一体的评价制度发展格局，政府、社会及高校的评价权力在多元共治中达到了基本平衡[130]。美国高校的教学评估可以分校内评估和校外评估两类，校外评估包括由各种认证机构发起的对学校教学质量的认证评估(institution accreditation)和由各个专业协会或组织发起的对学校各个专业进行的专业评估(program evaluation)；校内评估则形成了“一条主线，三级管理”的质量保障结构特点[131]。

多元评价主体之间存在的利益冲突及平衡问题也是当前的研究热点。Huber(休伯)和 Skedsmo(谢德斯莫)指出，角色和权力对评价具有至关重要的影响。行政人员对教师有权力，他们根据教师评估结果参与决策。在教师效能评价中，教师和管理人员由于角色不同而持有不同的观点。Bradford(布拉德福德)和 Braaten(布拉滕)描述了教师对高质量教学的愿景与管理人员对优秀教学的愿景之间的不一致，学校领导和教师对分数有不同的解释。Cladera(克拉德拉)指出，高等教育机构经常收集学生的反馈，以评估课程结束时的教学质量。然而，教师利用这些反馈来实施教学改进仍然有限。Mazandarani(马赞达拉尼)和 Troudi(特鲁迪)认为，参与教师评估的不同利益相关方之间的任何不匹配都可能对教育质量产生不良影响，并可能阻碍教育目标的实现。

第四节　相关研究述评

整体上来看，这些研究丰富了高校教师评价的内容，不断赋予高校教师评价新的时代特征和发展方向。国外高校教师评价的研究较早，已经取得了颇为丰富、多元的优秀研究成果，积累了宝贵的实践经验，对于当前我国高校教师评价改革与发展具有一定的借鉴作用。尽管我国的高校教师评价研究起步较晚，但成果也颇为可观。从相关研究的数量上看，近十年来相关研究总体上呈现上升的状态；从文献内容来看，理论研究和实证研究均有涉及，相关研究逐渐深入。

通过对教师评价、教师评价体系和教师评价制度的相关研究进行梳理，可以发现国内外对于教师评价的研究多集中在人才分类评价、师资队伍素质和能力提升、教师评价体系构建等方面；关于教师评价制度的相关研究，集中在教师评价制度的内涵、高校教师应具备的重要素质能力模型、高校教师评价制度的重要作用与存在问题、高校教师人才分类评价建议四个方面。总体来看，上述研究对“双一流”高校教师评价改革成效的评估具有一定的指导意义，但在以下领域亟待深入研究。

一、人才分类评价体系需要进一步完善

现有的关于人才分类评价体系的研究多集中于理论层面的探讨，对人才分类评价的顶层设计、评价手段等进行了探讨并提出了建议。但是对于不同学校的人才分类评价体系及其科学性缺少相关研究，缺少基于实例和比较的分析，也缺少对于人才分类评价体系合理性的验证。因此，科学合理的人才分类评价体系仍需进一步研究。

二、教师评价体系需要进一步科学化

研究内容聚焦评价主体、评价指标体系及评价工具等方面，仍有较大的完善空间。一是以学生评教为评价主体的研究核心，强调多元主体参与教学评价，但关于教师同行、政府及社会参与评价的理论和实践研究尚不完善。二是评价指标体系的构建研究是教学评价领域的重点内容，但相关指标体系在高校教学评价改革实践中的借鉴意义和应用效果尚不清晰。三是数字化、网络化评价工具和技术的开发是当下的热门研究。教育评价数字化转型是当前的热点研究议题，如何使大数据、人工智能等计算机科学技术赋能教育教学评价既是理论研究重点，也是实践热点。但此类研究多立足于我国高等教育评价的整体发展，给予理念层面的普适性指导，难以体现不同类型高校的特殊性。

在教师考核评价标准上，现有研究分析了考核评价标准存在的重量轻质等问题，并提出了高校应正确处理好量与质的关系，将论文作为多元评价标准之一，重视论文对国家社会发展的真正意义。但是对于高校如何通过制度设计来科学化考核评价标准缺乏相应的研究，如：如何重构“以贡献为核心”的绩效分配新体系？代表性成果的质量、贡献、影响怎么来确定和衡量？实现类别间转换的壁垒如何打破？

三、管理服务团队评价制度亟须系统化

关于高校教师评价改革的研究，多集中于对教师教学和科研评价的研究，长期以来忽视了对于行政管理人员评价的研究。高校行政管理人员作为管理服务团队，长期以来存在着管理队伍梯队建设亟须加强、后备管理队伍结构亟须优化等问题，而目前的相关研究中关于此部分的研究较少，学校行政管理人员评价机制的改革实践缺少一定的理论遵循。

四、师德师风评价研究需要加强针对性

现有研究多集中于对高校教师评价改革的价值导向以及理念遵循存在的偏差进行研究，对于具体的师德师风评价的微观研究较少。对于师德师风制度体系建设和荣誉表彰制度体系建设的相关针对性研究较少，随着师德师风问题的凸显，各高校都在进行教师职业操守和学术道德制度体系的完善，但是相关理论研究滞后于各高校的实践，在一定程度上阻碍了教师师德师风评价体系和荣誉体系重构工作的进行。

第三篇　我国“双一流”高校教师评价改革成效评估

第四章 我国"双一流"高校教师评价改革的要素分析

依据高校教师职业的工作内容等因素，高校教师评价改革的核心要素可以划分为四类，分别是教学评价、科研评价、管理评价和师德师风评价，再对每个要素从理念与价值导向、评价制度、执行情况三个维度进行指标分解，形成具体研究要点(见表4-1)。

表4-1 教师评价改革核心要素分解表

核心要素	研究维度	指标分解
教学评价	理念与价值导向	鼓励立德树人，强化育人导向的情况
	教学评价制度	教学评价主体多元化情况
		教学过程与教学能力评价情况
		教学质量评价及结果运用情况
	执行情况	教师、管理人员满意度
		教学激励与惩罚
科研评价	理念与价值导向	鼓励科研原创性、突破性，强化质量导向的情况
	科研评价制度	高水平论文、重要科研项目评价情况
		团队考核评价激励机制
		科研成果转化及应用评价情况
		科研获奖、国际合作等评价情况
	执行情况	教师、管理人员满意度
		科研激励与惩罚
管理评价	理念与价值导向	鼓励分类评价、跨类流转的情况
	管理队伍评价制度	管理服务人员、团队评价制度建设情况
		管理服务类奖励性绩效
	执行情况	管理人员满意度
师德师风评价	理念与价值导向	思想政治素质、学术道德、职业道德
	师德师风评价制度	师德失范制度体系建设
	执行情况	教师荣誉表彰制度体系

第一节 教师教学评价

《深化新时代教育评价改革总体方案》要求把认真履行教育教学职责作为评价教师的基本要求，引导教师上好每一节课、关爱每一个学生。教师教学评价从评价主体来看，包括管理者评价、同行评价、教师自评、学生评价、督导评价等；从评价内容来看，包括对教学理念与态度、教学过程与教学能力、教学效果等的评价，其中教学过程与教学能力又包括教学方法、教学内容等。

我国大学教师教学评价已经发展成为包括管理者、同行及学生等多种评价主体在内的系统化制度体系。大学教师教学评价制度的主体主要包括作为关键主体的管理者与作为核心主体的教师和学生，他们在评价立场、目的、动机、方式及功能取向等方面均表现出不同特点，其教学评价类型主要体现为管理者主导的问责性评价和师生群体主张的改进型评价。不同主体在教学专业活动中具有不同地位，作为核心主体的师生群体对教学质量的影响最为根本，他们也是大学教师教学评价中最为重要的主体。高校教师教学评价应遵循核心主体(教师与学生)、关键主体(管理者)的主体次序，确保作为课堂教学当事人的师生、同行在充分交流的基础上使教学问题得到反馈和解决，实现教师的专业成长。

一、教学评价的概念界定

基于现代大学学科的交叉性、教育的专业性以及职能的综合性等特点，教学评价已成为一种涉及诸多因素、复杂程度较高的社会活动。范晓玲认为，广义的教学评价是指对影响教学活动的所有因素的评价，即对学校各方面的教学工作进行全方位的、立体的、综合的评价；而狭义的教学评价则是指依据教学目标，对教师的教和学生的学进行系统检测和评定以求改进的过程[132]。陈玉琨指出，教学评价是一种对教师教学工作表层价值与潜在价值展开评判的工作，其主要目的是帮助教师实现专业化发展，增强教师的教学效率和能力[2]。

陈广桐认为，教师教学评价应当是根据一定的标准，运用适当的方法，对教与学的整个过程及其效果进行客观衡量和判断的过程[133]。王汉澜认为，教师教学评价是根据一定的目标，对教学过程和结果的价值进行界定，从而支持决策的过程，评价重点是学生的学习成果和教师教学工作过程[50]。李小融、魏龙渝将教学评价阐释为依据一定的教学目标和标准，对学生的学和教师的教进行系统的调查，并评定价值和优缺点以求改进的过程[134]。

二、教学评价的内容

对于教师课堂教学评价主要标准的研究集中在课堂教学的准备、实施过程、结果三个阶段，准备阶段主要评价教师的课前教学设计、课外互动、课前准备等；实施过程阶段主要评价教师的课堂教学设计与表达、教学组织与方法、教学态度与行为等方面；结果阶段主要评价学生知识的增长、能力的提升及学生的收获感等情况[87]。由此可以分为两个方面，一个方面是对教师的教进行评价，包括教学态度是否端正认真、教姿教态是否积极饱满、教学准备是否充分全面、教学讲解是否清晰突出、教学内容是否科学合规、教学方法是否多元求新、教学气氛是否互动讨论、教学技术是否娴熟先进、教学效果是否吸引启发、教学作业是否贴合适量等方面。另一个方面是对学生的学进行教学效果评价，包括学生的听课态度、听课状态、听课反应和听课效果等。

综合来看，教学评价既要对教学过程中教师教的行为及效果做出评价，又要对学生的学习行为及效果做出评价，还要对教学过程中其他的构成要素对教学活动的影响及效果做出评价。

第二节　教师科研评价

大学教师科研评价制度是大学管理部门为了解教师科研工作质量和评定教师在科研工作中的表现而采取的一套规范性制度，扮演了激励和规范教师创新行为的角色[135]。《深化新时代教育评价改革总体方案》要求改进高校教师科研评价。突出质量导向，重点评价学术贡献、社会贡献以及支撑人才培养情况；根据不同学科、不同岗位特点，坚持分类评价，推行代表性成果评价，探索长周期评价，完善同行专家评议机制，注重个人评价与团队评价相结合；探索国防科技等特殊领域教师科研专门评价办法等。

一、科研评价的概念界定

科学研究是高校最重要的活动之一，与高校的人才培养职能一样，是大学不可或缺的另一重要职能，是国家高等教育实现内涵式发展、提高办学质量的保证。科研评价作为鉴别和认可学术品质与学术贡献的核心机制，是“大学科技创新活动的风向标”，直接决定着一所大学的科研生态[136]。刘作义等认为，科研评价是制订科研计划、开展科研管理以及阐明被评价者如何履行责任的一种重要支撑工具，具备三个特性，即根植于社会科学、具有管理咨询性质、一般偏好于对绩效的测度[137]。在深度剖析“评价”这一概念的基础上，结合学者的相关内涵界定，可以将科研评价界定为：教师科研评价就是评价主体依据相应标准，采用各种量化和非量化指标，对高校教师所从事的科研活动及其成果进行价值判断的过程。

二、科研评价的内容

在评价方式上，注重分类评价。推进高校教师科研评价改革，关键是建立健全分类评价体系，引导不同类型岗位的教师在不同“赛道”上争先、创优。对不同类型的科研工作，应分别建立各有侧重的评价路径。例如，对于基础研究，论文是成果产出的主要表达形式，要坚决摒弃“以刊评文”，评价重点是论文的创新水平和科学价值；对于应用研究和技术创新，评价重点是对解决生产实践中关键技术问题的实际贡献，以及带来的新技术、新产品、新工艺实现产业化应用的实际效果，不应以论文作为单一评价依据[138]。

在评价理念上，突出质量导向。增加发展性教师评价指标权重，以促进教师的专业发展为目的，开展持续性、动态性的双向评价与反馈，力求纠正缺点、发扬优点。彻底摒弃数量评价和单纯的论文导向，引导教师突出科技创新的原创性、突破性和贡献度，要求关注科研工作的内涵和质量，而不是简单的数量或者影响因子；突出贡献导向，实行代表性成果评价，加大对科技成果转化的政策激励。科研创新团队建设是高校科研资源整合的趋势，也是高校教师进行科研合作的一项重要内容，突出质量导向还要求鼓励合力攻关，建立团队评价激励机制，改变高校教师的科研评价体系因注重个体绩效、定量考核而忽略团队整体考核，因注重学术带头人的认可与评价而忽略成员的利益保证与合理评定等现象，避免科研创新团队建设出现较严重的拉大旗做虎皮、形聚神散、明和暗争的情况，从而让每一位团队成员有其属、有其位、有其利、有其荣，把团队内部的竞争转变成团队间的竞争，把个体间的竞争转化为团体内的合作[139]。

第三节 教师管理评价

高校师资队伍能力水平直接影响人才培养质量，健全完备的制度体系是保障高校教师管理科学性、合理性、客观性的基础，需要前瞻性布局、科学引领，将师资管理制度全流程覆盖到准入、日常管理评价及晋升退出等职业生涯全生命周期。教师管理评价主要集中在两个方面，一方面是推动教师实现跨类流动，另一方面是完善行政管理人员评价机制。

一、高校教师跨类流动

高校师资队伍分类管理的科学性、适用性直接影响着学校的人才培养质量、科学研究成效，是各高校争创一流、锐意创新的重要保障。建立科学适用的高校教师分类评价体系是改革高校人事管理制度、服务教师职业发展的重要举措，同时也是加强高校治理体系和治理能力现代化的重要体现[140]。2017 年《教育部等五部门关于深化高等教育领域简政放权放管结合优化服务改革的若干意见》指出："针对不同类型、不同层次教师，按照哲学社会科学、自然科学等不同学科领域，基础研究、应用研究等不同研究类型，建立分类评价标准。完善同行专家评价机制，建立以'代表性成果'和实际贡献为主要内容的评价方式。"

因此，各高校必须强化差异分类评价，实现跨类转换流动。一是制定教师分类评价标准，把不同的"运动员"放到各自的"赛场"上去，让不同类别的教师都有发展的通道和成长的空间，发挥特长与优势，获得最充分的发展。各高校亟须优化教师分类管理制度体系，通过高校教师分类管理实现高校教师专业发展和高校教师人力资源开发的有机统一，实现高校教师分类管理与高校分类发展的协同，实现高校教师队伍发展与高校管理者队伍发展的一路同行[141]。二是建立发展流转机制，打破转换壁垒，支持各系列教师通过职称评审实现不同系列转换，给予教师自由选择的空间。各高校应充分认识到职称评审的出发点和落脚点是促进教师发展，应坚持"以师为先、促师成长"的评审理念，尊重教师成长规律，提高教师在职称评审过程中的话语权与知情权[142]。因此，要促进职称评审与用人制度的有效衔接，发挥职称评价制度的导向性作用，通过职称评价制度改革，进一步优化大学的学术环境，充分释放教师教书育人、科学研究和服务社会的积极性和社会责任感。

二、高校行政管理人员评价机制

专业化的行政管理人员团队建设，是高校进行师资队伍建设、深化教师评价改革的基础与支撑。高校的行政管理工作离不开具备丰富经验、科学方法和专业知识的行政管理团队，教师评价制度改革举措的有效实施需要以专业化的行政管理团队为依托和保障。高校应明确行政管理工作的具体内容，在统筹全局的基础上细化责任归属，合理划分校级管理部门与院系的管理权限，并培养专业化的行政管理人员[143]，以确保教师评价制度改革相关举措的有效落实。

为切实保障高校教师评价改革的贯彻落实，高校必须完善行政管理人员评价机制，形成以行政执行力和服务满意度为核心的行政管理人员评价机制。一是要引导管理人员围绕教学科研主体主动奉献，创造性地在绩效工资体系中增设管理服务类奖励性绩效，重塑“以服务为宗旨”的管理奖惩模式，鼓励管理服务人员发挥个人价值。二是实行劳务派遣与长期聘用相结合的制度，推动非事业编制教职工通过积分、竞聘等方式，在薪酬、子女入学等方面获得更有激励性的待遇。三是利用信息技术搭建教师绩效评估体系，构建教师评价模型，大数据生成教师个人画像，全面综合透明化反映教师个人发展。

第四节　师德师风评价

高校教师师德师风就是规范教师职业行为、调整职业关系、引导职业发展的道德准则以及教师职业行为中表现出的精神风貌的总和，主要由师德和师风两方面构成。师德属于高校教师职业道德范畴，主要是调节高校教师与他人、集体以及高校教师与社会之间的关系，确保高等教育活动顺利开展而必须遵守的行为规范和道德标准；师风属于高校教师职业行为范畴，主要是教师群体或个人的行为表现的总和，表现在教学、科研、服务、管理等职业活动中的精神风貌[144]。

一、师德师风评价的重要意义

深刻理解和全面把握习近平新时代中国特色社会主义思想指导下高校教师师德师风评价的理论研究和实践要求，明确新时代高校教师师德师风评价的重要性、必要性和迫切性，是加强和改进新时代高校师德建设的重要认识前提。师德评价既是检验高校师德发展情况的一项重要的指标，又是高校加强师德建设的基础。

2019年，教育部等七部门印发《关于加强和改进新时代师德师风建设的意见》，强调要严格考核评价，落实师德第一标准。将师德考核摆在教师考核的首要位置，坚持多主体多元评价，以事实为依据，定性与定量相结合，提高评价的科学性和实效性，全面客观评价教师的师德表现。2020年，中共中央、国务院印发《深化新时代教育评价改革总体方案》，提出坚持把师德师风作为第一标准。把师德表现作为教师资格定期注册、业绩考核、职称评聘、评优奖励首要要求，强化教师思想政治素质考察；健全教师荣誉制度，发挥典型示范引领作用；全面落实高校教师职业行为准则，建立师德失范行为通报警示制度；对出现严重师德师风问题的教师，探索实施教育全行业禁入制度。

就人才培养而言，正所谓“教，上所施，下所效也”，教师的一言一行无形之中就会给学生带来深刻的影响。高校作为为社会培养高等人才的最高殿堂，向社会各领域输送了一大批精英，而教师队伍作为高校开展教学任务的实际承担者和主力军，须得是有责任、懂担当，思想端正，能真正落实立德树人、以德育人的任务，积极为国家为党育才的“四有老师”才行[145]。要始终坚持以立德树人为教育的根本任务，这首先就要求教师具有理想信念和道德情操，才能用高尚的师德和智慧，培养、造就理想信仰坚定、责任情怀牢固、勇于担当民族复兴大任的时代新人。这也是为什么在教师评价中要将师德师风作为第一标准，做好师德师风评价是落实立德树人根本任务的必然要求。

二、师德师风评价的内容

根据《深化新时代教育评价改革总体方案》要求和对于师德师风概念的厘定，本书将师德师风评价分为两个层面：一是包括思想政治素质、学术道德、职业道德等在内的理念与价值导向层面；二是包括师德失范制度体系、荣誉表彰制度体系等在内的制度层面。以教师职业道德为例，“师者，所以传道、授业、解惑也”，韩愈的这句话就蕴含了师德师风评价中对职业道德的要求：在传道和解惑过程中，广大教师要诲人不倦，尊重知识，讲求科学方法，决不能走过场，做表面文章；在授业过程中，一定要有仁爱之心，做学生的知心朋友和终身导师；在工作和生活中，引导和帮助学生，和学生一起为党和人民的事业贡献智慧和力量。

在理念和价值导向层面，要完善师德评价内容。在新时代新形势下，师风的评价内容同样应该与时俱进，适应高校师德建设的需要，适应社会经济发展的需求。师德师风涵盖范围极为广泛，但现行高校教师师德师风评价体系容易局限于教师个人政治素质、思想道德等内容的评价，忽视教师对学生的态度和社会服务等方面的评估。高校必须对师德师风评价加以重视，并对现行师德师风评价指标体系进行补充与完善，以确保师德师风评价内容的全面性。

在制度层面，要加强各类师德评价体系的建设和落实。近年来，关于师德评价的研究主要集中在如何建立师德评价体系、如何科学地进行高校师德评价以及不同类型高校的不同师德评价体系研究等[146]。不同学者从多元化的研究视角提出了构建高校师德师风评价的指标体系，但各高校师德师风评价制度体系的建设和落实仍然任重而道远。

第五章　我国“双一流”高校教师评价改革的成效评估

本书在系统梳理“双一流”高校教师评价改革典型案例基础之上，客观地对其教师评价改革成效进行评估、比较。此外，合理借鉴“双一流”高校的改革举措，以期为路径优化提供指导借鉴。通过调研①，获取相关高校有关教师评价改革的改革方案、制度等文本资料，聚焦改革理念、制度体系建设、评价机制三个层面，从教学评价、科研评价、管理评价、师德师风评价四个方面对文本资料进行梳理，总结典型做法，凝练出各高校教师评价改革的进展及成效。

第一节　教学评价改革成效

我国“双一流”高校教师教学评价改革所取得的成效主要表现在回归立德树人，强化教育教学评价；建立并持续完善多元主体评价制度体系；信息技术在教学评价中的应用三方面。

一、回归立德树人，强化教育教学评价

教师评聘标准是一把尺子，对每位教师的工作都具有方向标和指挥棒的作用，也涉及每位教师的切身利益。有正确的评价导向、公开公正的评议程序，才能营造精心育才、潜心研究、追求卓越、风清气正的学术文化环境，激励教师坚守教育的初心和使命。北京大学深入贯彻落实《深化新时代教育评价改革总体方案》，在各类评估中落实师德师风第一标准，充分体现教学质量、教学奖励、精品教材、学生培养等方面成效，做好对教师教学科研工作的全面评估。浙江大学设立卓越教学岗，并给予政策和资源的特别支持，选拔了一批具有坚定理想信

---

① 调研高校有：北京大学、复旦大学、清华大学、南京大学、四川大学、浙江大学、西北工业大学、北京航空航天大学、长安大学、西安交通大学、上海交通大学、北京理工大学、哈尔滨工程大学、南京航空航天大学、南京理工大学、哈尔滨工业大学、中国科学技术大学、陕西师范大学、东北师范大学、中国农业大学、西北农林科技大学、中南民族大学。

念、良好思想政治素质、崇高师德师风的一线教师。清华大学要求教研系列教师至少保证40%的工作量用于课堂教学、本科生班主任等教书育人工作，另有不低于5%的工作量用于课堂教学之外的学生教育和指导工作。在教师评价改革工作中突出教学实绩，提高教学质量，把认真履行教育教学职责作为评价教师的基本要求，在教师引进、职务聘任、绩效考核等教师全流程管理中凸显对教育教学的重视。上海交通大学把认真履行教育教学职责作为评价教师的基本要求，把参与教研活动，编写教材、案例，指导学生毕业设计、就业、创新创业、社会实践、社团活动、竞赛展演以及参与学生思政工作等计入教师评价必选指标，引导广大教师更加扎实地参与一线学生工作。复旦大学把教书育人作为人才评价的核心内容，不断提升广大教师的育人意识、育人能力、育人水平、育人效果，激励引导广大教师落实立德树人根本任务。一是明确教书育人是教师的首要职责，二是优化教学评估体系，注重对教学质量和教学效果的评价，三是在人才评价重点项目中加强教书育人考核。

二、建立并持续完善多元主体评价制度体系

推动人才评价多元化，使评价体系更加灵活、科学。清华大学明确同行评审程序要求，强化学术共同体意识，提升学术共同体在学术评价活动中的地位和作用。复旦大学遵循人才成长规律，分类建立体现不同岗位、不同层次人才特点的评价机制，科学客观公正评价人才。以职称评审为例，学校分类建立了16个系列职称评聘体系，分系列制定职称评审办法，避免"一把尺子量到底"。西北工业大学坚持分类多主体多元评价，对从事教学、科研、实验的全体教师，结合教师自评、同事互评、党支部评价、学生评教、日常师德监督情况等，对教师师德表现进行综合评价；对其他专业技术人员、党政管理人员、工勤人员，结合其年度考核德、能、勤、绩、廉中"德"的表现，对职业道德和工作作风进行考核。西北农林科技大学建立学生、学院、学校三个维度的教学质量综合评价体系，将评价结果作为教师晋升职称的重要指标。四川大学采取"内行评内行"方式，建设代表性成果同行评议专家库。北京航空航天大学实施以权威第三方进行同行评价为主的多元化评价机制。

三、信息技术在教学评价中的应用

强化信息技术应用，充分促进现代信息技术在课堂教学评价中的应用。西安交通大学建设教学质量实时监测大数据平台，实现课堂的精准采集、精准评价、精准督导、精准帮扶。在采集方面，平台采集第一课堂实时考勤、评教、全校

398 个教室音视频等 13 项教学状态数据 1.8 亿条；在评价方面，使用该平台后，评价后 1%教师的申诉率由 2012 年的 16.67%降至 2020 年的 0.00%，且结果符合正态分布，评价信度明显提升；在督导方面，2014 年以前认定的教学事故中教师迟到的比例为 75%，2016 年降为 20%，2020 年为零；在帮扶方面，2014 年以来，评价后 1%的 206 名教师经过帮扶重返课堂，教学效果评价优良达 97%。中南民族大学 2019 年 9 月正式上线督导领导同行听课系统，移动端、PC(个人电脑)端同步部署，实现从选课、听课、记载到评分等全过程线上操作，实现各类数据统计分析系统自动完成，解决了评价结果反馈慢、人工处理效率低、数据分析不精准等问题，彻底告别了“纸质时代”，推动评价方式创新。复旦大学重视人才评价信息化建设，建立了职称评审“双语”系统，实现“个人填报、院系审核、专家评议、结果统计”的信息一体化；建立了网络视频会议评审模式，确保疫情期间人才评价工作正常有序开展。

第二节　科研评价改革成效

我国“双一流”高校教师科研评价改革所取得的成效主要表现在科研评价从数量导向转变为质量导向；差异分类评价得到进一步强化，实现跨类转换流动；鼓励合力攻关，建立团队评价激励机制；支持特殊人才发展，面向服务国家需要，建立科研评价制度体系四方面。

一、科研评价从数量导向转变为质量导向

学术研究评价更加强调对真问题的研究，突出质量贡献要求。清华大学实行教研系列准聘长聘制度，鼓励教师从事长周期、基础性、前沿性研究；教研系列教师不分等级地享有同等的学术权力，助理教授可以独立指导博士生，极大鼓励新引进的青年教师自主选择科研方向，快速成长。对于基础研究类人才，复旦大学注重评价新发现、新观点、新原理、新机制等标志性成果的质量、贡献和影响；对于应用研究类人才，注重评价新技术、新工艺、新产品、新材料、新设备等标志性成果的质量、贡献和影响。南京大学纯粹针对 SCI 论文的激励措施早已被放弃，正在实践以质量和贡献为要素，以论文、奖项、专利、专著、决策咨询报告、文献整理、学术译著、艺术创作等各类成果形式为支撑，对教师科研业绩进行综合评价和奖励的体系，并辐射到职称评聘、学位授予标准等重要工作环节中。四川大学为真正树立学高为师、身正为范的教师典型，在各类人才遴选中，以质量为导向，突出学术贡献、社会贡献和支撑人才培养作用，推行代表性成果

评价，充分发挥同行评议作用。复旦大学明确代表性成果应具有系统性、标志性、创新性，强调代表性成果应是解决所在学科领域的重要问题、关键难点，或者是应对关系国计民生和国家重大战略问题做出重要贡献，具有重要影响，并被所在学科领域普遍认可的重要成果。西北工业大学破除了哲学社会科学研究评价中存在的“唯论文”现象，进一步完善了哲学社会科学类学术论文、学术著作、应用成果、创作案例、优秀网络文化成果、优秀艺术展演类成果等类型科研成果评价体系，激发科研创新活力，推动学校哲学社会科学研究实现高质量发展。

二、差异分类评价得到进一步强化，实现跨类转换流动

坚持分类指导，健全科学的人才分类评价体系。复旦大学着力解决评价标准“一刀切”的问题，注重发挥二级院系在人才评价中的主体作用，将评价标准制定权下放到院系，由各院系对标一流学科，坚持共通性与特殊性、水平业绩与发展潜力、定性与定量相结合的原则，建立科学合理、各有侧重、符合自身学科特点的评价标准。清华大学对同行专家遴选、同行评审函等方面进行规范。各院系(学科)按照学科建设目标规范遴选同行专家；在同行评审函中，请专家评价申请人研究方向的重要性，对于学术水平的评价则强调客观性，着重评价被评审人的学术影响力等。北京大学完善学术评审机制，实行同行专家评审，充分考察候选人教育教学、科学研究、校内外服务情况和未来发展潜力等，按照“九步走”流程层层筛选、严格把关。上海交通大学制定思政课、思政工作、教学、教学科研并重、科研、实验、工程、国防科研、成果转化与推广、农业推广、文科实践、体育训练等19个教师分类评价标准。南京大学进一步完善分类评价制度，在职称晋升评审中新增先进技术组和“冷门绝学”跨学科组。四川大学修订完善专业技术职务申报条件和评聘管理办法，强化师德师风考核、突出教学育人业绩、参考成果转化实效、重视社会服务参与度，为不同类型、岗位的人才铺设适合其自身特点的成长路径。根据岗位、学科的侧重点和差异性分类管理，将职称系列细分为教学为主型、教学科研并重型、科研为主型、临床医疗为主型等。

三、鼓励合力攻关，建立团队评价激励机制

探索试行团队负责人制度，给予团队负责人更大自主权，努力培育可持续的重大项目攻关团队。清华大学提倡学术共同体成员根据评判标准，从研究领域、学术品位、质量贡献等方面对申请人做出评价，进而营造尊重学术、公平公正、慎思明辨、集思广益的良性评价氛围，逐步建立坚守诚信、崇尚创新、鼓励探索、敢于担当、宽容失败的学术文化。四川大学为充分发挥学术共同体在代表性

成果评审过程中的重要作用，建立权威、公平、公正的同行评议制度，建设了代表性成果同行评议专家库。西北工业大学探索个人评价与团队评价相结合的评价机制。以目标任务导向为原则，重质量、重结果、重贡献，对获得国家科技奖、国家级教学成果、千万级科研项目等取得突出成果的研究人员，实施岗位考核"绿色通道一票通过"制度。赋予团队负责人一定的团队成员考核评价权，引导团队负责人根据团队成员属性和特点，合理划分工作任务，界定实际贡献，引导科研人员加强团队协同攻关与学科交叉融合。西北农林科技大学将考核办法分为基本考核和奖励考核两部分。其中基本考核激活人员深入一线干事的动力，推动整个团队良性发展；奖励考核对团队建设设立了专门指标，鼓励专家"跳起来摘桃子"。

四、支持特殊人才发展，面向服务国家需要，建立科研评价制度体系

聚焦国家重点领域、重大科技任务，集中优势资源，大力推进国家重点实验室等创新研究基地建设，着力打造一流科研领军人才和创新团队。北京大学坚持聚天下英才而用之，建立教师规模动态管理机制，统筹考虑各学科发展情况，鼓励院系扩大选人用人视野，明确高层次人才引进可不受年度指标限制。完善高层次人才引进绿色通道，对急需紧缺高层次特殊人才，设立专门工作小组，实行"一事一议""一人一策"。南京大学先进技术研究院在对重点需求单位、兄弟院校、相关院系部门充分调研的基础上，结合学校聚力内涵式发展、着力高水平创新提升的要求，制定以科研项目完成质量客观评价与高层次专家组主观评价相结合、科研成效结果评价与科研活动组织实施过程评价相结合、个人贡献与团队整体目标相结合，兼顾人才不同年龄层次，"基础、单项与系统"不同阶段各有侧重的评价策略。西北工业大学丰富代表性成果形式，突出对标志性成果、业绩的考核和评价。对从事国防应用研究的教师，主要评价解决国家社会发展中关键科学问题、突破"卡脖子"关键技术理论机理等；对服务国防工程领域的教师，主要考察解决国防基础研究难题、支撑装备型号研制等方面的实际贡献和不可替代性，论文不作为主要的评价依据和考核指标。北京航空航天大学设立直评制度，对取得重大原创性研究成果、关键核心技术突破、在经济社会发展中做出重大贡献的人员，可突破资历、年限等条件单列指标。上海交通大学对取得前沿技术突破和解决重大工程技术难题的教授减少硬性考核，对长期承担国防科研项目的研究人员高级职称晋升开设绿色通道，让广大科研人员潜心攻克"卡脖子"问题。

第三节　管理评价改革成效

我国“双一流”高校教师管理评价改革所取得的成效主要表现在坚持党管人才，完善组织领导体系；做好服务保障，完善行政管理评价两方面。

一、坚持党管人才，完善组织领导体系

人才评价是人才队伍建设的指挥棒，人才评价导向直接关系着人才发展生态。北京大学强化各院系在人才工作中的主体责任，制定院系人才发展战略，建立院系人才工作目标责任制度，将人才队伍建设纳入院系年度考核和发展绩效考核。复旦大学健全领导体制，先后成立党建思政工作领导小组、人才工作领导小组、师德建设委员会等，切实加强党对人才工作的全面领导。加强战略规划，党委常委会定期研究人才工作，通过健全制度、创新机制、改善环境、加强服务，不断优化顶层设计，搭建人才评价改革的“四梁八柱”。压实工作责任，成立党委教师工作部、人才工作办公室，二级院系组建人才工作小组、配齐分管教师思政工作的党委副书记，完善党委中心线、院系中场线、支部生命线“三线联动”工作机制，层层压实责任，让人才评价改革各项任务落到实处。

二、做好服务保障，完善行政管理评价

坚持党管人才、党管干部、党管意识形态，履行好学校党委把方向、管大局、做决策、保落实的职责。西北工业大学进一步完善领导干部考核评价体系，突出政治考核、实绩考核、作风考核，把坚持立德树人成效、贯彻新时代党的组织路线和新发展理念、提高制度执行力和治理能力作为评价领导人员的根本标准。北京大学配齐配强人才工作力量，提高人才工作队伍专业化、职业化水平。设立人才工作专项经费，表彰和奖励在人才队伍建设工作中表现突出的单位和个人。健全会议统筹和年度会议计划机制，规范精减会议活动，努力为人才减负松绑。推进实施“引进人才安居工程”，挖掘住房资源，改造教师公寓，为高层次人才提供住房保障。加强对人才的身心健康关爱，发挥学校医疗资源优势，探索为教职员工提供方便快捷优质医疗服务，不断提升人才医疗服务保障水平。挖掘扩展附属学校办学资源，努力满足教师子女基础教育需求，引导教师潜心教书、静心育人。浙江大学切实提升校内智慧治理水平，对标世界一流大学，建设了更加智能、更加友好的信息平台，提供了更加精准的人才教学科研服务。通过在各部门和院系中探索设置教师事务服务专员岗位，有针对性地精减人才办事流程。下

大气力解决人才住房申购、落户、子女教育、交通出行、医疗保障、教师公寓等关乎切身利益的实际问题，解决人才后顾之忧。

第四节　师德师风评价改革成效

我国“双一流”高校教师师德师风评价改革所取得的成效主要表现在制定师德负面清单，坚决做到令行禁止；恢复人才称号荣誉，建立荣誉表彰制度两方面。

一、制定师德负面清单，坚决做到令行禁止

加强师德师风考核，树立品德、能力和业绩的人才评价导向。西北工业大学坚决落实新时代教育评价改革要求，强化师德监督管理，出台《西北工业大学师德考核办法》，进一步规范师德师风的考核内容、考核等级和考核程序。通过实施师德考核，切实发挥师德考核对教师行为的约束和提醒作用，引导学校广大教职工自觉加强师德修养，做到以德立身、以德立学、以德施教、以德育德。哈尔滨工业大学对入职选聘、晋职晋级、评奖评优等环节严格执行“师德师风必查”和教师所在基层党支部和基层党委意见“必看”。对新入职教职工和新晋研究生导师集中开展师德师风警示教育。将近年来违反《高校教师职业行为十项准则》的典型案例整理发布，各党委组织本单位全体教职工集中开展专题警示教育，引导每一位教职工以案为鉴，做到警钟长鸣。复旦大学在职称晋升、推优评奖、人才推荐、年度考核等各项人才评价工作中，建立基层党支部、院系分党委(总支)、学校教师工作部三级师德师风审查体系，明确院系分党委(党总支)在师德评议、政治把关中的首要责任，做到“逢进必审”“逢推必审”“逢评必审”。对师德失范的个人，坚决执行一票否决。中国科学技术大学建立健全校党委、院(系)党组织、教师党支部三级联动的教师工作机制，强化基层党组织在教师思想政治和师德师风建设工作中的作用。开展师德失范行为专题警示教育，对师德失范行为严格执行一票否决。

二、恢复人才称号荣誉，建立荣誉表彰制度

激励广大教师做出突出贡献、取得卓越成就，营造尊师重教氛围。北京航空航天大学坚持把师德师风作为评价教师的第一标准，树立新时代教师楷模。自2017年起设立“立德树人奖”，旨在表彰在教书育人一线取得突出成就和做出突出贡献的优秀教师。评选标准坚持不唯“帽子”，以扎根教学一线、潜心教书育人为导向，要求年均授课不少于64学时，分别设立“立德树人成就奖”“立德树人卓

越奖”以及“立德树人优秀奖”，共同构成新时代优秀教师队伍群像。中国科学技术大学常态化开展师德培育涵养，举办“黄大年式教师团队”专题报告会、年度教职工表彰大会，开展教书育人楷模、最美科技工作者等优秀模范选树等活动，发挥身边人身边事的典型带动作用。中国农业大学出台《教职工奖励暂行办法》，全面覆盖教师、党政管理、班主任、辅导员、图书出版、后勤服务、卫生医疗服务等人员。中南民族大学相继出台《中南民族大学教学标兵与教学先进个人评选办法(试行)》《中南民族大学本科教学工作奖励办法》等制度，大力提升教学工作评价规范化水平，健全教学优秀典型发现、培育、表彰、激励等制度体系，为广大教师潜心教书育人、提高人才培养质量提供了有力保障。

第四篇　我国“双一流”高校教师评价改革问题剖析

第六章　我国“双一流”高校教师评价改革的现状调研

明确“双一流”高校教师评价改革的现状，厘清积弊，对症下药，探索我国高校教师评价改革的创新路径，需要进行系统深入的现状调研。本书采用质性研究与量化研究相结合的方法对“双一流”高校教师评价改革进行了深入调研，一方面，使用问卷调查法对“双一流”高校教师进行广泛调研；另一方面，使用访谈调查法与部分教师和管理人员深入交流，形成三角互证关系，以探寻深层问题。本章首先介绍总体调查设计思路，明确调查目的和调查对象，确定调查内容。其次，分别详细介绍问卷调查与访谈调查的设计思路、提纲编制和实施过程等，将回收的调研资料进行统一整理、编码和分析，以便得出调查结果。

第一节　调查设计

坚持问题导向，紧扣社会中的现实问题，基于前期文献资料研究，制定了完备的调查研究方案。一是明确调查目的，通过调研获取“双一流”高校教师评价改革进展的一手资料，深入剖析问题，梳理先进经验，提供参考借鉴。二是确定调查对象，即综合类、农林类、师范类、国防类等“双一流”高校的教师、专家和管理人员等。三是明确调查内容，包括“双一流”高校教师评价改革的理念、目标及其达成度，教师评价体系的现状以及教师评价改革存在的问题。四是形成总体的调查思路，采取问卷调查与访谈调查相结合的方法。

一、调查目的

调查目的主要有三个方面。其一是通过调研获取“双一流”高校教师评价改革进展情况的第一手资料。其二是通过深入的问卷调查和访谈调查来摸清当前“双一流”高校教师评价改革的缺陷和不足，进一步精准聚焦问题。其三是系统梳理“双一流”高校教师评价改革先进经验，为我国高校教师评价改革提供参考借鉴。通过对调查数据的统计与分析，进一步探究“双一流”高校教师评价现有问题的深层原因，吸收借鉴国内外高校教师评价改革的先进做法，从而为政府和高校制定高校教师评价政策以及制度、组织和环境建设提供较为客观的依据，持续推进教学型、科研型、教研型以及管理型教师评价改革，推动我国高等教育高质量发展。

二、调查对象

问卷调查的对象是“双一流”高校教师，访谈调查的对象是“双一流”高校教师和管理部门人员。本书所调研的“双一流”高校在类型上涵盖了综合类、农林类、师范类、国防类、民族类高校，调研对象遍布全国各地，辐射广泛而全面。

三、调查内容

通过问卷和访谈两种调查方式，旨在调查“双一流”高校教师评价改革的现状。主要包括三个方面的内容：一是“双一流”高校教师评价改革的理念、目标及其达成度；二是“双一流”高校教师评价体系的现状，分别围绕教学、科研、师德师风以及管理评价展开；三是双一流高校教师评价改革中存在的问题。

四、调查思路

本调查采取问卷调查与访谈调查相结合的方法。对“双一流”高校教师评价改革的调查需要见微知著，只有深入、全面探析评价体系各个构成要素的具体实践现状，才能深刻了解和掌握教师评价改革存在何种困境。问卷调查虽然覆盖面广，便于发放与回收，但获取的信息比较浅层，无法深入探究问题背后的深层原因。因此，本研究不仅设计了专门针对教师的问卷调查，还有针对教师和职能部门管理者的访谈，从不同的角度了解“双一流”高校教师评价改革的成效与问题。

第二节　问卷设计与调查

本书聚焦“双一流”高校教师评价改革研究，在问卷设计的过程中系统梳理了高校教师评价改革的政策文件与文献，在对现有教师评价改革的研究成果进行总结和归纳后，将教学评价、科研评价、管理评价、师德师风评价作为贯穿本书研究始终的四个维度，并将其作为问卷设计的基本框架。2020 年 10 月，中共中央、国务院印发《深化新时代教育评价改革总体方案》，为新时代教育评价改革提供了根本遵循和行动蓝图[147]。《深化新时代教育评价改革总体方案》从师德师风、教育教学、学生工作、科研和荣誉五个方面完整构建了教师评价体系，既是完整教育评价的重要组成部分，又是促进教师专业全面发展的重要内容。故而，本书紧紧围绕并根据研究的目的和内容，编制了《“双一流”高校教师评价改革成效满意度调查问卷》，并进行了预调研，根据预调研结果对问卷中的具体内容进行了删除、添加和修改，确定了最终调查问卷。

调查问卷第一部分是个人基本信息，包括年龄、教龄、学科专业与岗位类型。第二部分围绕“双一流”高校教学评价、科研评价、管理评价、师德师风评价等方面的现状展开调研，并针对“双一流”高校中的国防特色高校教师评价，设置了针对性题项。

第三节　访谈设计与调查

仅从教师视角并不能够全面地评价与衡量“双一流”高校教师评价改革的问题及成因。鉴于此，在收集教师问卷数据后，还对教师与学校管理部门的相关负责人进行了访谈，目的在于进一步探究教师和管理人员对本校教师评价改革实践中存在具体问题的相关看法，以便更深入地分析教师评价改革实践存在的问题及相应成因。

一、访谈对象的确定

分别邀请了 7 位教师和 8 位学校管理部门(如教务处、教师教学研究与发展中心等相关部门)的相关负责人进行访谈，具体的访谈对象信息如表 6－1 所示。

表 6－1　访谈对象信息

人员代码	职称/职务	学历	性别	年龄	访谈时长/分钟
*T*1	讲师	博士	男	35	45
*T*2	副教授	博士	女	37	30
*T*3	副教授	博士	男	39	30
*T*4	教授	博士	男	39	40
*T*5	教授	博士	男	47	30
*T*6	教授	博士	女	42	45
*T*7	教授	博士	男	51	50
*M*1	教务处主任	博士	男	53	60
*M*2	教务处科员	硕士	女	28	60
*M*3	教务处处长	博士	男	48	35
*M*4	教发中心科员	博士	男	67	50

续表

人员代码	职称/职务	学历	性别	年龄	访谈时长/分钟
*M*5	教发中心科员	博士	男	55	50
*M*6	教发中心处长	硕士	女	29	50
*M*7	辅导员	硕士	女	26	40
*M*8	辅导员	硕士	男	25	30

注：*T*(teacher)代表教师，*M*(management)代表学校管理部门人员。

二、访谈调查的实施

本书在调查问卷的基础上，以问题为导向进行半结构化问题的设计，通过面对面的方式开展实地访谈，并在取得访谈对象同意的前提下，对访谈过程进行全程录音，以便后续对访谈结果进行分析。访谈主要围绕以下三个关键问题展开：第一，访谈对象的基本信息；第二，访谈对象对高校教师评价改革现状尽可能多的认识与看法；第三，访谈对象认为教师评价实践环节存在的问题及其原因。

三、访谈资料的编码

访谈结束后，对访谈过程中的文字和录音资料进行详细梳理和分析，初步凝练了教师评价中存在的问题和原因。本书按照伯克·约翰逊与拉里·克里斯滕森提出的三级编码方式进行编码，并对访谈录音的文字材料进行整理和分析。

其中，一级编码为开放编码，即整理访谈中的重要信息并比较异同，将资料按自身属性进行概念分类。本书在尽可能保留访谈对象使用的概念和关键词的基础上，对所凝练的结果进行横向交叉对比，将各访谈对象表述的共性问题进行提炼与归类。在反复研读访谈资料后，初步得到了 196 个概念标签，由于存在大量重复的标签，经分析、合并和筛选后，最终得到了 34 个概念标签。

二级编码为主轴编码，即通过厘清不同概念之间的关系来确定更高层次的范畴和维度。在得到 34 个概念的基础上，通过比较不同概念之间的异同、厘清其相互关系，提炼归纳了 10 个更高层次的范畴和维度，分别是评价目标、教学评价、科研评价、师德评价、管理评价、评价主体、评价标准、评价周期、激励举措、监督举措。

三级编码为选择编码，即在主轴编码的基础上进一步提炼核心类别或范畴，以将其他类别或范畴统一在这个核心类别或范畴之内。在得到 10 个范畴的基础上，本书进一步将访谈资料提炼为评价理念、评价内容、评价方式、质量保障四大核心类别。

三级编码情况如表 6－2 所示。

表 6－2　三级编码情况

开放编码	主轴编码	选择编码
评价目标过于宽泛、指导性不强、忽视学科差异、忽略校际差异、缺乏特色、同质化严重	评价目标	评价理念
难以量化考核、青年教师压力大、非升即走	教学评价	评价内容
科研获奖、科技成果转化、教学改革研究成果	科研评价	
师德失范制度体系建设、师德评价落实难、学术诚信	师德评价	
管理服务人员较少、团队评价制度不健全	管理评价	
主体意识匮乏、评价素养有限、缺乏评价氛围	评价主体	评价方式
重科研轻教学、忽视学科差异、缺乏分类评价体系、交叉学科评价指标不足、唯论文	评价标准	
强调数量、考核频繁、考核周期较短	评价周期	
完善绩效考核制度、提高教学科研经费、完善基础设施	激励举措	质量保障
督导缺乏责任感、形式主义严重、教学受到轻视	监督举措	

第七章　我国“双一流”高校教师评价改革的问题及成因

根据问卷及访谈调查结果，本章对我国“双一流”高校教师评价改革中的问题及其成因进行系统深入的分析。

第一节　“双一流”高校教师评价改革现存的问题

“双一流”高校教师评价改革面临的现实困境可从高校教师评价改革和人事制度改革下高校教师队伍素质两方面进行问题审视。

一、高校教师评价改革问题调研

就高校教师评价改革现状分别对“双一流”高校的教师进行调研，共收回有效问卷 1409 份。问卷回收后，对问卷数据进行处理分析，梳理出高校教师评价改革存在的问题，并从教学评价、科研评价、管理评价、师德师风评价四方面进行问题归纳与剖析。

(一)教学评价

高校教师教学评价事关高校人才培养质量，事关教师专业发展与学生全面发展，因此，高校教师教学评价改革要引导教师安心教学、潜心育人，践行教书育人根本使命。然而，在实践中，仍需突出教书育人评价，完善教学评价体系，提升教师教学积极性，落实多元主体评价机制。

1. 教书育人评价仍需进一步强化

教师的职业特性决定了教书育人是教师的首要职责，教师教书育人的投入与成效理所当然是教师评价的重中之重。在教师职务晋升中，高校应该把教育教学和人才培养情况作为评价的重要内容，将课堂教学和教学质量作为评价要素，将教师在教学学术研究和课程体系建设等各种育人工作中做出的贡献均纳入教师教育教学评价范畴。

现行教学评价体系改革仍有进步空间。以专任教师为调查对象，对于“您对所在学校现行教学评价体系满意吗?”题项，41.67%的受访者表示非常满意，35.19%的受访者比较满意，17.59%的受访者表示一般满意，4.63%的受访者不太满意，0.93%的受访者表示不满意(见图 7-1)。七成以上的受访者表示比较满意或者非常满意，说明高校的教学评价改革取得了良好的成效，教师对所在高校现行的教学评价体系整体满意度较高。但仍有 23.14%的教师对现行教学评价体系的满意度偏低，这表明现行的教师教学评价体系仍有进一步完善和探索的空间。

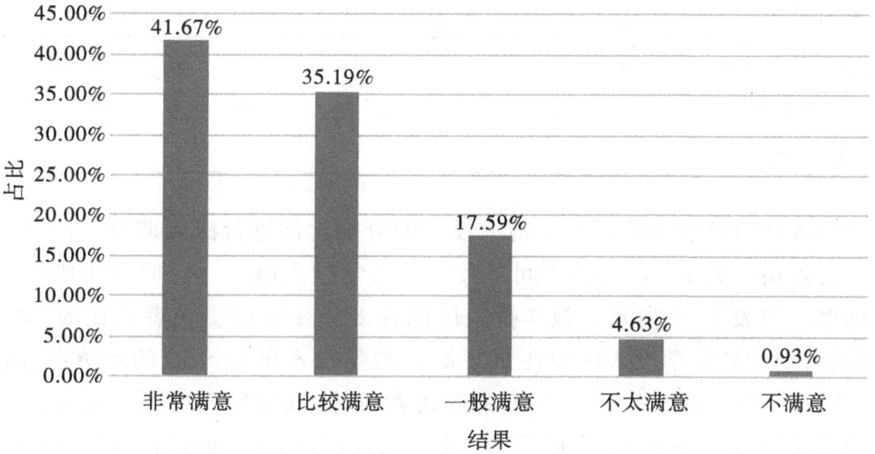

图 7-1　现行教学评价体系满意度(专任教师)

教师教学投入的积极性有待进一步提升。在关于教师工作积极性的调查中(见表 7-1)，41.87%的受访者对“我更愿意投入时间在行业实践项目上”表示非常同意，39.42%的受访者对“我愿意在学生培养过程中增加服务行业的内容”表示非常同意，其所占比低于行业实践项目，说明相比于在学生培养过程中投入时间，更多的受访者更倾向于在行业实践项目上投入时间。96.21%的受访者对“我更愿意投入时间在行业实践项目上”持支持态度，94.21%的受访者对“我更愿意投入时间在基础研究和论文发表上”持支持态度，98.22%的受访者对“我更愿意投入时间在科研项目上”持支持态度，97.32%的受访者对“我愿意在学生培养过程中增加服务行业的内容”持支持态度，愿意投入时间在科研项目上的受访者所占比例要高于愿意投入时间在学生培养中的受访者。可以看出，目前高校教师仍然过于注重在科研上的时间投入，相比之下，在学生培养中的时间投入较少。

表 7-1　教师工作积极性情况表

题目	非常不同意	不同意	一般同意	同意	较为同意	非常同意
我更愿意投入时间在行业实践项目上	0.22%	3.56%	11.36%	19.82%	23.16%	41.87%
我更愿意投入时间在基础研究和论文发表上	1.34%	4.45%	14.92%	24.72%	24.5%	30.07%
我更愿意投入时间在科研项目上	0.45%	1.34%	9.58%	20.27%	30.51%	37.86%
我愿意在学生培养过程中增加服务行业的内容	0.22%	2.45%	4.45%	22.94%	30.51%	39.42%

针对教师的教学与科研工作精力投入的分配比例进行深入调查，假设教学和科研总投入精力为100，选择区间越大表示教学投入越多，区间越小则表示科研投入越多。如表7-2所示，教学投入区间在80～100的受访者占比为23.39%；18.31%的受访者教学投入区间在60～80；教学投入在40～60的受访者占总人数的35.25%；而教学投入在20～40的受访者占总人数的17.29%；还有5.76%的教师的教学投入在0～20。由此可知，仅有41.7%的教师愿意投入超过60%的精力在教学工作上，而23.05%的受访者倾向于投入更多的精力在科研工作上。可见，目前高校教师教学工作投入的积极性仍需进一步加强，高校教师“重科研轻教学”的问题仍然比较突出。

表 7-2　教学科研工作精力投入比例

区间	人数占比
0～20	5.76%
20～40	17.29%
40～60	35.25%
60～80	18.31%
80～100	23.39%

2. 多元主体评价机制仍需进一步完善

当前教师评价制度，高校管理者从行政的意志出发，主导着从评价制度制定、指标体系建立到评价实施的全过程，缺乏与教师和学生的有效沟通及协商，评价的主体本质上来说是高校行政，教师大多是被动地接受他人考评，积极主动性没有被调动[148]。从各高校的实践来看，大多实行院系领导评价、督导评价以及学生评价相结合的模式，各主体的评价分别占一定比重，各部分评价得分总和即为该教师最终的评价结果。在现行的评价机制中，各高校对于教师教学能力的评价基本都是在校内完成[149]，缺少了校外同行专家的评价。学校在校内外专家库建设上仍需进一步发力，着力建立由国内外高水平专家组成的校内、校外专家库，同时完善同行评议的评价指标体系，确保评价的客观公正。

(二)科研评价

高校学术生产活动的繁荣取决于高校教师的高质量科研活动，科学合理的高校教师科研评价能够激励、调控、保障高校教师的科研活动，科研评价改革对于引导教师开展科研活动、优化学术生态具有重大意义。在教师职称评审中，高校应当突出质量为重的科研评价导向，完善代表性成果评价机制，使人才分类评价、分系列发展贯穿人事工作全过程，进一步细化国防科技等特殊领域教师科研专门评价办法。

1. 质量为重的科研评价导向仍需进一步强化

近年来，国内外大学评价体系都在尝试打破以科研产出为主要衡量尺度的这种相对单一的学术维度，用社会贡献这一尺度重新定义和丈量何为卓越大学，引导大学从可持续发展贡献度、社会参与度等具有丰富意蕴的综合维度审视自身发展，而不是只关注科研成果。目前的科研评价中仍然存在着注重科研成果数量、发表论文数量等现象，需要改变这种数量为重的科研评价导向，进一步强化质量为重的科研评价导向，用代表作评价制度来表征高质量成果的考核评价。

针对国防特色高校教师代表作成果，83.07%的受访者认为服务国防类岗位的代表作成果应包括承担国家国防重大工程项目，72.38%的受访者认为服务国防类岗位的代表作成果应包括研究成果如起草军标、工程项目规范、设计报告、试验报告等在国防领域被采纳，66.15%的受访者认为服务国防类岗位的代表作成果应包括在国家重大重点型号研制中担任职务，50.56%的受访者认为服务国防类岗位的代表作成果应包括研究成果获得国防相关部门的科技成果鉴定，48.33%的受访者认为服务国防类岗位的代表作成果应包括主持国防领域项目有较高的累计到款金额，47.44%的受访者认为服务国防类岗位的代表作成果应包括获得国防类重大奖项或重要人才称号(见图 7-2)。

2. 分系列发展与评价改革尚未贯穿人事工作全过程

对科研卓越的过度关注，和以标准化、同质化的指标衡量所有大学的水平，

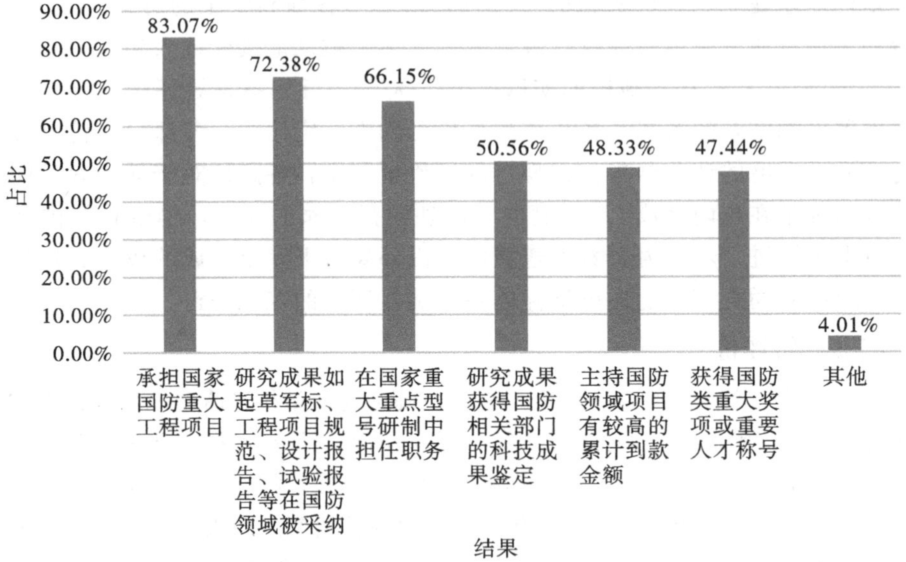

图 7-2 国防特色高校教师代表作成果因素

狭隘化了大学的传统使命，限制了院校个性化发展的机会，一定程度上边缘化了大学教学和社会服务等功能。实施分类评价是遵循高等教育发展规律，适应普及化阶段高等教育多样性、个性化需求的必然选择。

针对国防特色高校人才分类评价体系，81.29%的受访者认为应关注服务国家战略，79.73%的受访者认为应关注培养行业人才，73.72%的受访者认为应关注推进基础研究，62.36%的受访者认为应关注与军工科研院所交流合作，59.91%的受访者认为应关注承接行业项目，36.08%的受访者认为应关注开展国际合作，35.63%的受访者认为应关注发表学术论文(见图 7-3)。

3. 国防科技等特殊领域教师科研专门评价办法有待进一步细化

行业特色高校的师资队伍需要具有行业背景，学术活动需要与行业密切相关，强调参与行业服务的广度、深度、频度，即行业参与的活跃度，强调能够直接参与或服务于工程。由于行业性质所限，一些科技成果由于技术保密等原因，教师可能会在教师评价、职称评聘、荣誉奖励等方面受到损失，在与其他教师的竞争中处于弱势。以国防类行业特色高校师资为例，因保密要求，国防类行业特色高校教师的一些研究成果不能对外公布或公布成果不得学校署名、不得在国际期刊上发表，这在各类评奖评优中很难体现实际工作量，严重影响其工作积极性。通过调查，63.92%的受访者认为要专门设置国防类评审组，60.13%的受访者认为要对做出重大贡献或取得标志性成果的教师开设绿色通道，59.69%的受

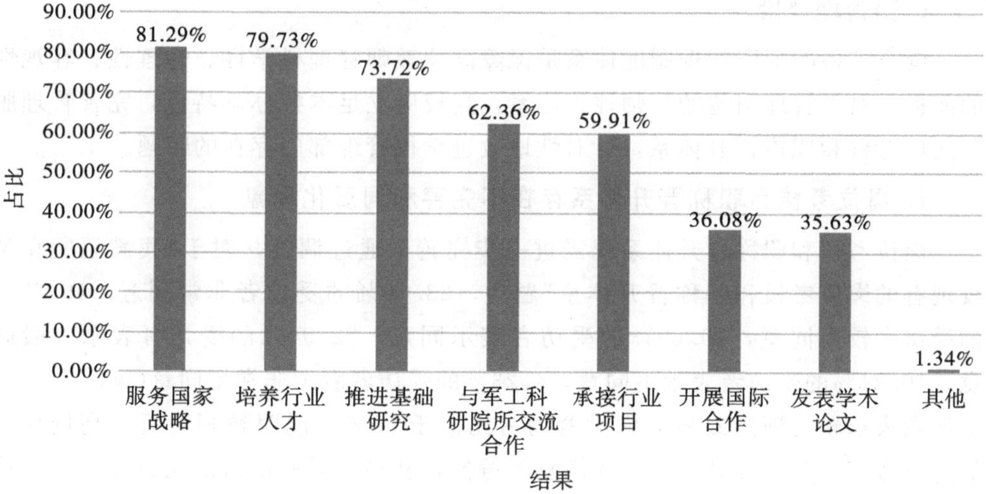

图 7-3　国防特色高校人才分类评价体系

访者认为要在综合学科评审的评委构成中增加长期从事军工科研的专家的占比，59.47%的受访者认为要增设行业内专家的同行评议环节，57.91%的受访者认为要对服务国防的教师单设评审指标，50.33%的受访者认为要降低国际期刊等在考核评价中的权重(见图 7-4)。

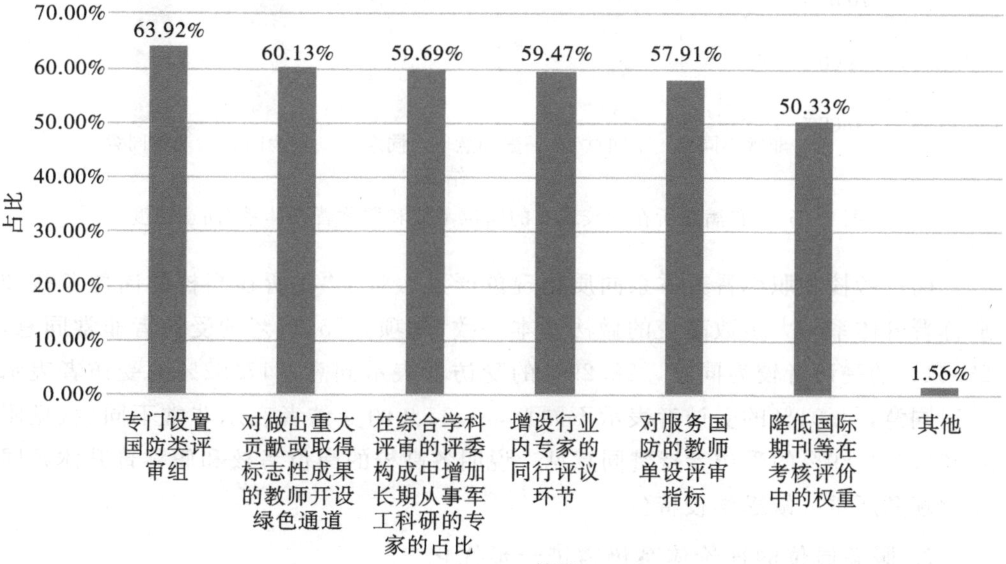

图 7-4　国防类师资人才评价改善举措

(三)管理评价

健全完备的师资管理制度体系是保障高校教师管理科学性、合理性、客观性的前提。对于管理岗位的教师评价体系，高校应立足本校办学特色，完善管理服务岗位考核和职称晋升体系，针对性地改进学校管理部门存在的问题。

1. 岗位考核和职称晋升体系存在不完善和同质化现象

岗位考核和职称晋升体系仍需进一步完善。通过调查，对于“我满意所在学校现有的岗位考核和职称晋升体系”题项，23.16%的受访者非常同意，19.82%的受访者较为同意，19.60%的受访者表示同意，22.94%的受访者表示一般同意，10.24%的受访者表示不同意，4.23%的受访者表示非常不同意(见图 7-5)。受访者表示较为满意或者非常满意的占比低于 50%，说明教师对所在高校现有的岗位考核和职称晋升体系整体满意度偏低，从侧面说明现行的岗位考核和职称晋升体系有待进一步完善。

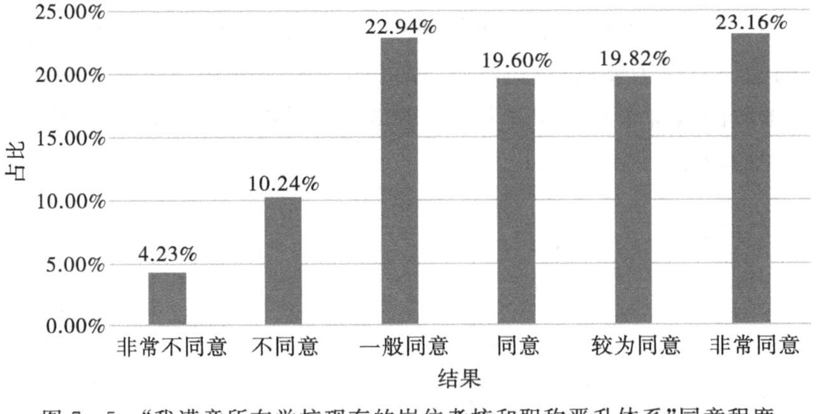

图 7-5 “我满意所在学校现有的岗位考核和职称晋升体系”同意程度

岗位考核和职称晋升体系同质化现象严重。对于“我所在高校的岗位考核和职称晋升体系与大多数高校的做法基本一致”题项，25.17%的受访者非常同意，23.61%的受访者较为同意，28.29%的受访者表示同意，17.82%的受访者表示一般同意，4.01%的受访者表示不同意，1.11%的受访者表示非常不同意(见图 7-6)。94.89%的受访者持赞同意见，说明各高校的岗位考核和职称晋升体系同质化现象严重，缺乏学校特色。

2. 服务岗位的评价体系仍需进一步优化

通过调查，30.96%的受访者对“所在高校有必要设置专门的行业服务岗位”这一问题非常同意，24.72%的受访者较为同意，21.83%的受访者表示同意，

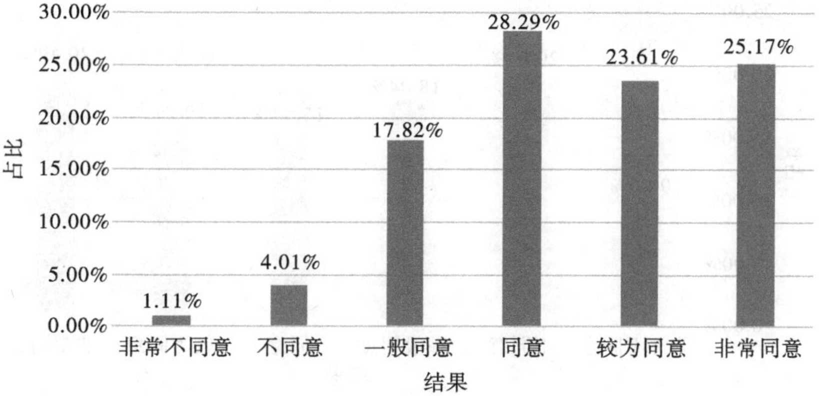

图 7-6　“我所在高校的岗位考核和职称晋升体系与大多数高校的做法基本一致”同意程度

14.92%的受访者表示一般同意，4.90%的受访者表示不同意，2.67%的受访者表示非常不同意(见图 7-7)。对于“如果所在高校设置了专门的行业服务岗位，我愿意调整岗位类型为行业服务岗”，20.49%的受访者非常同意，16.04%的受访者较为同意，15.59%的受访者表示同意，18.04%的受访者表示一般同意，20.04%的受访者表示不同意，9.80%的受访者表示非常不同意(见图 7-8)。92.43%的受访者对高校设置专门的行业服务岗位持支持意见，说明服务岗位在高校发挥着重要的作用；仅有 36.53%的受访者对愿意调整岗位类型为行业服务岗表示较为同意或者非常同意，说明高校对于服务岗位的评价体系有待进一步优化，需要进一步推动非事业编制教职工通过积分、竞聘等方式，在薪酬、子女入学等方面获得更有激励性的待遇。

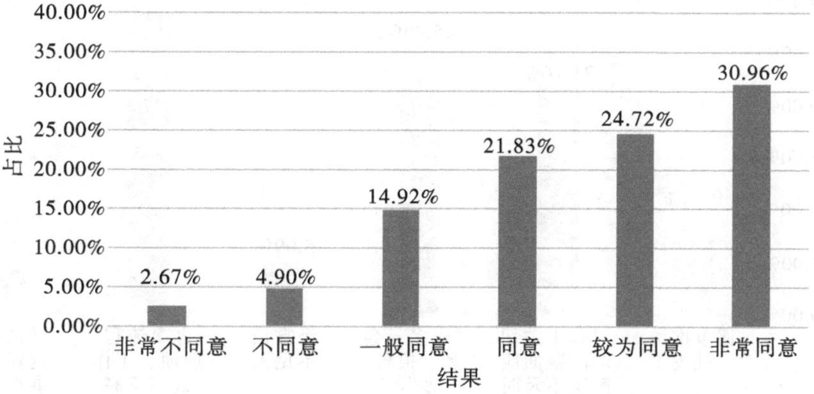

图 7-7　“所在高校有必要设置专门的行业服务岗位”同意程度

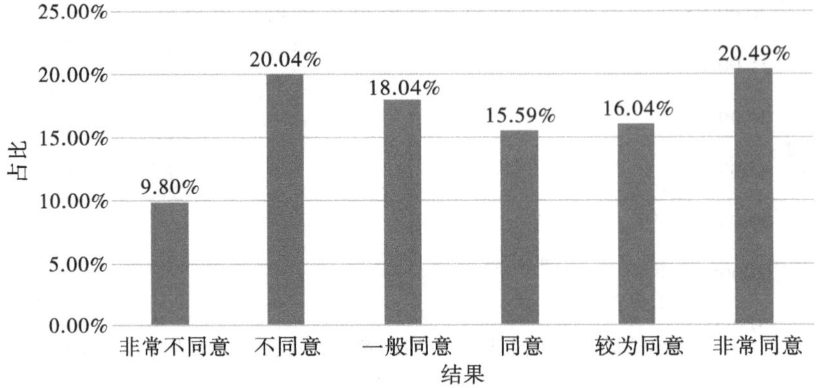

图 7-8 “愿意调整岗位类型为行业服务岗”同意程度

3. 学校管理行政部门存在一定问题

以教务处和党委学生工作部为例，调查学校管理行政部门在服务师生方面存在的问题，可以得出如下结果。28.70%的受访者认为教务处和党委学生工作部等学校管理部门的办事流程烦琐、工作效率不高，25.46%的受访者认为学校管理行政部门的问题在于“表多、会多、报告多”，21.76%的教师认为学校管理行政部门对师生关切的问题回应、解决不及时，9.72%的受访者认为学校管理部门存在遇事推诿扯皮的现象，7.41%的教师认为学校行政部门“门好进、脸好看、事难办”，还有5.09%的教师指出学校管理行政部门经常找不见人（见图 7-9）。可以看出，精减办事流程、提高工作效率应当成为学校管理行政部门今后的首要

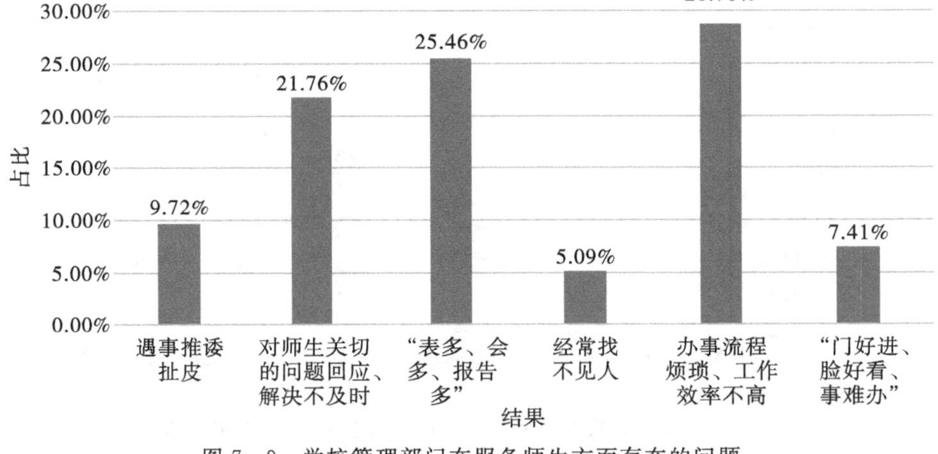

图 7-9 学校管理部门在服务师生方面存在的问题

工作重点，尽可能减少"表多、会多、报告多"的管理现象，以便教师将更多的精力投入教学与科研工作当中。此外，学校管理行政部门必须深入贯彻学生为本、教师为根的教育理念，关切师生的真实需求。

(四)师德师风评价

良好的教师师德师风是社会对于教师最基本的期待，加强师德师风建设，事关教师自身成长和长远发展，事关学生成长成才，也影响到国家的繁荣发展。因此，建立科学合理的师德师风评价体系，高度重视师德师风评价，促进师德评价落地落实，刻不容缓。

1. 对师德师风的重视程度仍需进一步提高

对于高校教师应具备的能力和素质，85.30%的受访者认为高校教师应具备服务国家战略能力，78.62%的受访者认为高校教师应具备基础研究能力，77.51%的受访者认为高校教师应具备师德师风，74.83%的受访者认为高校教师应具备思想政治素质(见图 7-10)。师德师风和思想政治素质所占的人数比例低于基础研究能力和服务国家战略能力，这也从侧面反映出当前高校教师更加注重研究能力，对师德师风和思想政治素质的重视程度还有待进一步提高。

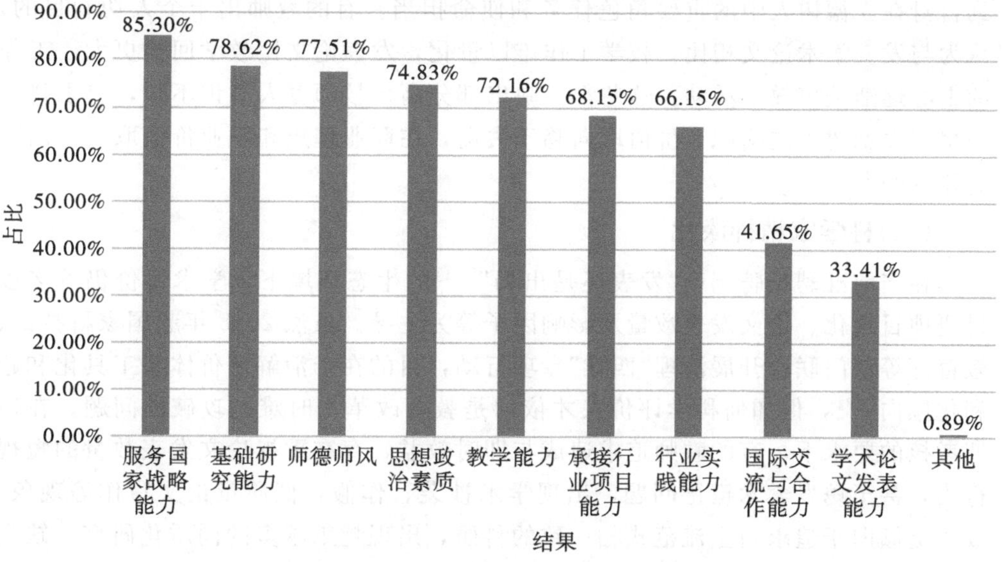

图 7-10 高校教师应具备的能力和素质

2. 师德师风评价在落实中有一定的难度

在实际师德师风评价过程中，评价标准的理解差异、评价方法的片面运用、评价效能不理想等问题突出，限制了师德评价的有效落地。师德失范行为难以按照既有的制度进行判定；师德评价缺乏可操作性，在师德评价中未给出本校师德师风考核和操作流程或没有说明如何优先考虑师德师风等；师德评价结果缺乏反馈渠道，有的师德评价成为一种单向的活动，不利于维护教师权利[150]。

二、人事制度改革下高校教师队伍素质存在的问题

随着"双一流"建设的深入推进，高校人事制度改革也不断深化，更加注重人力资源的深度开发与精细化管理，优化用人机制以及调整与之相配套的分配制度、考核评价制度，改革的关键在于构建灵活的用人关系，突出市场化导向和竞争性发展，释放更大的人力资源效能。但在当前高校人事制度"老体制"与"新体制"并存的现实情况下，高校青年教师队伍素质方面也呈现与老体制下教师队伍有所区别的过渡性特征。其中存在的突出问题有以下几个方面。

(一)职业价值取向失衡

面对必须承担的教学科研任务，有的教师疲于应付教学工作，只求满足完成基本任务或工作的底线要求，不愿投入更多的时间精力与学生互动交流。有的教师仅把教师岗位作为一种谋生的手段，与大学生的交往出于被动，没有充分认识到自身在立德树人中的重要角色任务和使命担当。有的教师出于个人功利目的，认为与发表学术论文相比，教学工作难以量化，发表论文比教学回报更大，工作的重心逐渐偏离教学活动。这些都反映出部分高校教师育人意识不强，追求科研回报与立德树人之间职业价值取向趋于失衡，在职业理想和职业价值取向上出现弱化的问题。

(二)科学家精神淡化

在当前准聘长聘制度"发表还是出局"[151]的生态环境下，学术评价仍然多以科研项目量化、论文发表数量及影响因子等为主导。虽然 2018 年起国家科技部、教育部等部门联合开展清理"四唯"专项行动，目的在于消解评价体系工具化和趋利化倾向[152]，但如何科学评价人才依旧是教育改革一时难以攻破的问题。在短期考核的要求下，有的教师追求速成与即时效益，存在重视论文发表数量的短视行为，甚至诱发学术道德问题，出现学术抄袭、作假，低质量论文写作等现象；或是更倾向于追求与主流范式相一致的科研，出现越来越多的同质化研究，缺少"十年磨一剑"的态度和勇攀高峰的革新精神，助长急功近利和浮躁之风，导致科学家精神淡化。

(三)职业心理压力增大

人事制度改革趋势下，教师在职业生涯的前期面临着淘汰的风险，在准聘期

内承担着完成聘期教学科研任务及限时晋升的压力。在工作方面，教师处于从学生到教师的角色快速转变期，缺乏一定的教书育人经验，面对国家和社会对高校教师的职业要求期望，难免会产生一定的心理负担。在生活方面，教师在家庭和经济上的压力一定程度上会转嫁至其对工作稳定与晋升的向往，因此更增加了职业心理压力。调研显示，当前高校教师在工作中遇到的主要困扰集中在专业发展、职称评聘、教学科研等方面，在生活中面临的难题主要是经济收入、住房问题及抚养子女等，职业心理压力已成为影响教师总体状态的关键因素。

第二节　“双一流”高校教师评价改革问题产生的原因

尽管各高校围绕教师教学评价改革所开展的实践探索已推进数年，但其教师教学能力评价指标体系依旧存在诸多问题。

一、重科研轻教学，评价导向功利化

现阶段，高校教师评价改革成效主要体现在破除不合理的评价指标、数量、频次等表层问题，而受长期形成的制度惯性、经济社会发展水平、文化环境等的影响，高校教师真正回归教书育人、潜心研究等尚需时间。如“五唯”是长期以来行政中心主义、管理主义、绩效主义、大学排名和集中管理的复杂产物，已构成较完整的荣誉系统。过去学术“锦标赛”“SCI 至上”等量化考评之风盛行，诸多高校教师在学术研究中已逐渐丧失研究者的主体性责任，滋生出为发表而发表的投机心理[153]。上述功利性评价惯性、数量化考核评价习惯以及现代社会“效率崇拜”“内卷”等价值取向等在短时间内难以彻底被改变。

于高等教育界而言，重研轻教的不良价值取向较为普遍。囿于高校功利化的评判理念与片面的教师考核方式，教师的价值观以及教研实践过程日益偏离人才培养的本体取向。一方面，教师对科研的重视远远高于教学。评价指标、绩效考核、晋升和薪酬机制中偏颇的“唯论文、唯帽子、唯学历、唯奖项、唯项目”指挥棒，诱使不少高校教师深陷“项目厮杀、论文堆砌、经费比拼”的泥沼。另一方面，教师日益丧失改进和创新教学的时间和兴趣，拒绝真正具有学术性、科学性、贡献性的有价值的科学研究。高校教师长期参照不合理的评价指标行事，这将在很大程度上限制其教学能力的提高以及高校人才培养目标的实现。于“双一流”高校而言，教师往往拥有较强的专业能力、扎实的专业知识储备，但在某种程度上缺乏师范类院校教师所具备的教育学理论及技巧，继而在教学育人、课程思政的过程中产生课堂导入生硬、部分学生难以接受的问题。对于部分处于“职

业倦怠期的”中年教师以及“适应生存期”的青年教师而言，前者惯性地依赖过往教学经验，少有中年教师会随时更新和反思自身的教学行为；后者则将工作重心倾注于论文发表、项目申请上，时间有限的他们无奈以牺牲学生的学习效果为代价。此外，当前“双一流”高校教师合作仍然以科研为主，教师真正加入教学团队的较少。

二、忽视院校特色，指标差异性不足

“双一流”高校类型丰富，涵盖农林、国防、综合、师范等类型。但总体而言，各“双一流”高校教师评价体系并未结合其自身师资队伍的特点，评价体系同质化现象严重。因而，在教师评价改革的背景下，“双一流”高校教师评价亟须彰显其办学特色与创新性，应既服务于高校现阶段的发展战略，同时也满足破“五唯”背景下教师教学能力评价改革的新要求。现有教师教学能力评价指标对教师的教学能力现状、教学能力提高和教学成果奖励等的评价彰显不足。此外，在指标设计过程中，对教书育人、德能绩效等重视不够，缺少对“双一流”高校人才队伍建设的特色化和前瞻性设计。主要表现在三个方面：一是学科差异性体现不够。学科是学校的主要骨架，一所大学拥有许多属性相差甚远的学科，不同学科成果认定、人才引进、职务晋升等方面如采用统一的评价标准，难以发挥评价制度的激励作用，也限制了学科的差异化发展。如片面追求论文指标导致“工科理科化评价”，“唯洋”致使民族本土研究缺乏文化自信，艺术学科研究成果中作品与设计所占的比例设置欠妥等。二是教师岗位差异性体现不够。目前大多数高校对教师队伍进行了分类管理，但其评价要素仍然基于论文、项目、奖项来构建，岗位特色体现不够，不利于发挥教师个人所长。三是教师职业生涯发展阶段差异性体现不够。在评价体系设计时，未针对教师不同发展阶段的特点和实际加以区分，无法根据评价结果向教师提供阶段性的改进反馈，难以实现促进教师发展的评价目的[154]。

三、量化依赖严重，评价指标欠科学

量化评价在某种程度上契合了高等教育在市场化背景下的高效管理需求[155]。但是，一味关注精准化的数据和硬性的指标，会造成对质性以及过程性评价标准的忽视，并且可能会使得评价的准确度、可信度下降。此外，大部分现行的教师教学能力评价指标还缺乏必要的科学性和思想引领性，常迎合高校“排名上升”“易于管理”的目标，强化了对教师的科研指标，淡化了对教师的师德师风关注。不同学科具有不同的特点，不同的教师在职业发展当中也有不同的选择，部分高校在设计评价方法时对差异化评价的考量不足，导致一些功利行为的出现。部分学者关注到高校教师绩效评价的问题，杨琪琪、蔡文伯从“指标陷阱”深入分析高校教师评价指标体系，发现指标化管理在直观量化的同时也存在一些隐患，包括“唯指标”的功利化价值陷阱、指标设计片面化的技术陷阱以及人为的投机陷阱[127]。林娟提出应当从转变观念、理顺体制机制和重构绩效评价指标入手，进一步提升选用人才、提拔人才的科学性、合理性，充分发挥高校教师绩效评价激励人才、引领发展的积极作用[156]。因而，对于“双一流”高校教师教学能力的评价指标设计应当既突出知识传授、能力培养，又突出价值塑造，如科学评估教师在培育学生的家国情怀、道德品质方面的能力。此外，应注重考核教师的教学实绩与贡献。

四、重结果轻过程，评价指标不全面

量化从外在形式上保证了评价的客观性和透明度，具有操作简便、经济高效的优势，而定性评价则因目标模糊化、耗时性和复杂性等特征，为其落地实施带来不可控的风险。尽管众高校都声言采用定量与定性综合评价，但实践中出于便捷及规避矛盾纠纷的考量，量化成为一种标识意义上的程序性操作。如高校行政部门建立的一系列围绕期刊分区分级、高引用指数等指标建立的量化体系，各种数据始终作为衡量教师科研产出价值的重要依据，并覆盖至教师年度考核、职称晋升、学术奖励、岗位竞聘、薪酬分配等诸多环节。的确，量化评价对提高科研成果数量和质量以及国际学术交流能力助益良多；然而，对定量评估的日益依赖却导致各种异化问题[157]。尽管高校针对教师评价改革所开展的探索已持续了数年，但终结性评价依旧是主流。究其原因，一方面，于管理者而言，终结性评价更加高效。高等教育领域教师教学质量评价的重心仍然是对当前教学“效果”的比较和评定，评价方式以效率更高、更易操作的量化评价和终结性评价为主。另一方面，于教师而言，相关过程性评价指标的欠缺也致使其易于忽视“过程”要素。尽管各高校在教师教学能力评价指标的设计上不尽相同，但是可以明确的是，一个科学的评价体系必须统筹形成性与终结性要素。

第五篇　我国“双一流”高校教师评价改革路径优化

第八章　他山之石：高校教师评价改革的经验借鉴

深化我国高校教师评价改革，探索高校教师评价改革的创新路径，需要科学借鉴国外一流高校教师评价改革的有益经验。世界各国的高校教师评价改革各具特色，本章系统考察和分析各国高校教师评价的改革路向，以期为我国“双一流”高校教师评价改革提供启示。

第一节　欧美高校教师评价改革的经验与启示

高水平的师资队伍是欧美高校在国际高等教育中具备强大竞争力和影响力的决定性因素之一，本节系统分析美国和英国高校的教师评价改革经验，进行深度审视，有助于结合本土实际创新我国“双一流”高校教师评价机制。

一、美国

受制于国家制度、教育体系以及各州的管理方式等因素，美国并没有形成一个全国性的教师评价系统，高校间的教师绩效评价标准各不相同。但是，美国高校各自拥有相对完善的教师绩效评价体系，并将这些评价结果与教师的薪资、续聘、晋升等人事决策相联系，这被视为一个关键的考核工具，用以促进教师的工作表现和达成学校的长远发展目标。同时，为了保证教师评价的科学性及合理性，各高等学校根据自身实际情况建立起一套较为完善的教师绩效考核指标体系。

在美国，大学教师的绩效评价大致可以划分为三大类：年度评价、晋升评价以及晋升后评价。教师绩效的提高是以职称为基础进行的。在美国的高等教育机构中，教师的职级被划分为讲师、助理教授、副教授以及教授四个不同的级别。每个级别有不同的工作职责要求以及相应的绩效指标。如果助理教授和副教授在规定的时间内未能获得晋升，他们必须离开原来的职位。满足条件的情况下，教师可以在原有职称的基础之上再提高一级。美国大多数高校规定，仅教授有资格获得终身职位。对长期聘用的教师，一般要经过一年左右的考察，并由专业人员组成评议组进行考核后确定其职称，最后再根据职务高低决定是否续聘。每年进行一次的年度评估是判断短期合同教师是否可以继续留任、是否提高薪资、是否晋升以及是否终身聘用的关键依据。如果不能达到一定条件或不符合某些要求时，教师会被要求申请调离或者降职。

对于晋升和终身聘用来说，晋升评价是一个必不可少的流程和主要的评判标准。如果在任时没有经过严格而系统的培训或考试，不能胜任工作，就要受到一定程度的惩罚。显然，一旦获得终身职位，教师可能会出现工作惰性和缺乏积极性等问题。为了解决这个问题，美国的高等教育机构会对所有终身教授进行定期评估，而对于那些未能通过考核的人，仍会进行不定期的评估。这种定期评估与不定期评估相结合的方式有助于激发教师的积极性。晋升后的评估通常旨在帮助那些获得终身职位的教授及时纠正他们的不足之处。该项目的核心目标是为教师提供反馈和优化的机会，教师可以通过各种方式获取所需信息，以确定研究的专业方向，并根据这些信息及时调整研究目标，从而持续提升他们的工作效果。在此基础上，教师可以根据自己的需要调整自己的教学方案。在美国的高等教育机构中，教师的绩效评价通常依赖于多个评价主体的综合判断，这涉及教师、同事及校外同事、学生这三个核心领域的综合评价。在美国的高等教育机构中，教师绩效评价分为三个不同的级别，分别是校级评价标准、职称评定标准以及基层院系级别的评价标准，不同级别的评价标准有其相对应的要求。

二、英国

英国高等教育机构的教师绩效评价涵盖了三个主要领域：研究、授课和管理。在大学教师的职业成长中，研究与教学被视为最关键的评价标准。在每个教学周期结束之后，都会根据从学生处收集到的反馈来进行教学效果的评价。这种绩效评价方式，以教师发展作为最终目的，没有明确的奖惩。

(一)以发展为目标，不给予奖惩

英国的高等教育机构在评价教师时，主要关注教师的成长和发展，并根据实际需求为教师提供必要的培训和支持，而这并不与奖励或惩罚直接相关。被评价的教师应该从过去、现在以及未来三个维度去反思他们所获得的成果、所面临的挑战以及未来的发展需求。牛津大学在 1989 年首次实施了这一教师评价方案，并分别于 1996 年、1998 年对其进行了进一步的优化。该方案旨在实现两个主要目标：一是为教师提供一个反思“目前在做什么”和“未来计划做什么”的机会；二是为教师提供一个建议，以便学校能够采取有效措施来改善工作环境。为确保评价的真实性和有效性，评价方案与教师的奖励、续约或晋升没有直接关联。曼彻斯特大学的评价方案明确指出，评价结果不会与工资挂钩，也不会与晋升有任何联系。

（二）程序复杂且需要大量的调查

一是帮助评价者了解评价方案；二是确保师资培训和服务小组对未来的实施方案意见一致；三是师资培训和服务小组选定评价者和评价日期；四是被评价者提供相关的佐证材料和证明；五是被评价者填写相关内容说明；六是评价者完成评论和相关准备；七是被评价者参与答辩；八是师资培训和服务小组制订培训计划；九是评价双方达成行动方案的一致意见；十是将行动方案交给负责协调与收集培训需要的人，综合考虑方案的可行性、可能遇到的困难及相关问题；十一是不定期评价，对行动计划进行修正；十二是评价结束后对教师进行后续培训。

（三）评价形式以面谈为主

英国高校教师绩效评价的主要形式是评价面谈。这一方式允许评价者与被评价者进行一对一的对话，对评价涉及的相关议题，双方进行深入的探讨。通常，评价者是被评价者的上级管理者，他们对被评价教师的影响是非常显著的。学校积极推动教师在每年的评价面谈中与系主任进行深入交流，为自己的未来发展制订明确的规划，并在未来一段时期内为这一目标设定相应的阶段性目标。以伯明翰大学为例，当新教师处于试用期时，学院的院长有责任为他们撰写年度进展报告。在进行年度教师发展评价时，新教师有权与院长进行正式的面对面交流，以评价过去一年的表现、既定目标的达成状况以及培训的具体要求。面对面的评价不仅是信息交流和响应的一种方式，同时也是观念更新的过程。为了确保评价的真实性、有效性和发展性，院方与教师在交流过程中需要紧密合作。

第二节　亚洲高校教师评价改革的经验与启示

本节整体分析亚洲高校教师评价改革，深入剖析亚洲高校教师评价的影响因素，系统分析日本和韩国的高校教师评价改革经验，有助于探索我国“双一流”高校教师评价改革的有效路径。

一、日本

日本高校在高校教师中实行任期制。每三年，所有日本高校教师都需要接受一次业务审查，合格者方可继续任用。

日本高校教师绩效评价通常为校长负责、审查委员会共同参与，使得评价带有很强的行政色彩，评价主体对于指标的选取、标准的设置和结果的量化等都有着严格控制，所以指标体系的全面性、评价和任期制的关联性就成了日本高校教师绩效评价中的一个显著特征。一是采用综合指标体系。日本广岛大学高等教育研究开发小组运用数理统计方法对教师绩效评价指标体系的结构进行了分析，并运用层次分析法开发设计了科学全面的指标体系，成为许多高校采用的教师评价工具，它具有量化性、可循环观测和结果可比的特点。二是评价与任期制之间的关联性。日本人事院针对《关于从事学术研究业务的一般职员的任期的法律议案》提出的任期原则成为高校教师任期设计的基本依据，而绩效评价体系是推行任期制的实践依据。综上所述，日本高校教师绩效评价制度在内容、方法等方面与任期制有直接联系。一方面确保竞争公开公平，另一方面也带来强烈的绩效导向性。

二、韩国

韩国大学教师业绩评价本质目的与琴特拉 1993 年提出的信息评价意义相似，手段性目的与总结评价意义相似。因此可以从信息评价和总结评价两个维度来阐述教师业绩评价。前者是从教师自身评价中得到的信息，使其具有业务发展的动力，它可以成为促进个体学术生产、知识创造与传播以及教育教学积极性等方面的机会；后者以教师人事行政信息为主，体现为教师晋升、晋职、绩效工资、退休保障和资格审查等教师人事行政层面的合理性。

自 20 世纪 90 年代教师业绩评价制度正式实施以来，韩国大学教师业绩评价一般涵盖教育教学、科学研究、社会服务三大领域。但是学术界对于以上方面的内涵与外延在认识上却有所分歧，如一些学者倡导大学教师的业绩评价范畴由授课、科研与社会服务活动等构成；也有学者将大学功能划分为教育教学、科学研究和社会服务三个维度，将评价教师业绩的重点领域定义为教育活动、科学研究与创作活动、社会服务活动三个维度，而大学教师所承担的责任通常分为教育教学、科学研究和社会服务三个主要方面。综上所述，韩国高校教师业绩评价就是客观公正地评价教师在教育教学、科学研究和社会服务活动中的表现的一种考核活动。大学教师业绩评价应包括教育教学、科学研究和社会服务活动(包括产学合作)，其目的是通过促进与激励教师能力来保障高校的生长性与竞争力。

第九章　示范引领：高校教师评价改革的实践探索

在广泛调研的基础上，分别对综合类、理工类、师范类、农林类、民族类样本高校教师评价改革进行系统评估，总结其教师评价改革的经验和典型案例，为我国高校教师评价改革提供可参考借鉴的经验。

第一节　综合类高校

综合类高校是我国高校中规模较大的一种类型，本书对北京大学、复旦大学、清华大学、南京大学等综合类“双一流”高校的教师评价改革进行了系统的总结与归纳，有助于为国内其他综合类高校的教师评价改革提供示范。

一、北京大学

北京大学认真学习贯彻习近平总书记关于教育的重要论述，特别是在学校考察时的重要讲话精神，坚决落实中央关于人才工作的战略部署，加强党对人才工作的全面领导，坚持“四个面向”，深入实施新时代人才强校战略，推进人才工作体制机制改革，着力全方位培养人才、引进人才、用好人才，努力为我国加快建设世界重要人才中心和创新高地做出更大贡献。

(一)坚持党管人才，完善组织领导体系

不断健全和完善党管人才领导体制，成立党委书记、校长任双组长的人才工作领导小组，统筹全校人才队伍建设，组织实施重大人才工程。召开校党委常委会、校长办公会、学校领导班子战略研讨会、全校中层干部大会等，系统梳理学校人才工作重点难点，明确人才工作高质量发展要求。出台《北京大学深入实施新时代人才强校战略的若干措施》。强化各院系在人才工作中的主体责任，院系党委、行政、学术委员会定期专题研究人才工作，组建院系人才工作小组，制定院系人才发展战略，明确近期目标和中长期规划，系统开展选才、育才、引才等工作。建立院系人才工作目标责任制度，将人才队伍建设纳入院系年度考核和发展绩效考核。深入推进教师党支部书记“双带头人”培育工作，通过组织国情研修、加大优秀教师宣传表彰力度等，引导教师传承和弘扬科学家精神，牢牢把握人才工作正确方向。

(二)服务国家战略，加大人才引育力度

聚焦国家重点领域、重大科技任务，集中优势资源，大力推进国家重点实验室等创新研究基地建设，着力打造一流科研领军人才和创新团队。坚持聚天下英才而用之，建立教师规模动态管理机制，统筹考虑各学科发展情况，鼓励院系扩大选人用人视野，明确高层次人才引进可不受年度指标限制。完善高层次人才引进绿色通道，对急需紧缺高层次特殊人才，设立专门工作小组，实行"一事一议""一人一策"。加大青年人才扶持培养力度，完善青年人才培养使用机制，进一步提高青年人才培养前瞻性、系统性。落实青年人才学术发展指导制度，组织领军人才、资深教师为青年人才发展提供指导和帮助，通过开展各类青年教师培训、学术沙龙、青年教师座谈等活动，帮助解决青年教师在教学和学术发展等方面的实际困难，让更多青年人才脱颖而出。探索试行团队负责人制度，给予团队负责人更大自主权，努力培育可持续的重大项目攻关团队。优化资源配置，确保学科建设经费、博士生招生指标、专职研究人员指标、博士后指标等增量资源向领军人才和优秀青年人才倾斜。加强基础前沿研究领域、人文社科领域人才专项基金长期稳定支持，为全力打造世界一流水准的国家战略科技力量和构建中国特色哲学社会科学体系提供坚实的人才支撑。

(三)创新体制机制，优化人才评价体系

深入贯彻落实《深化新时代教育评价改革总体方案》，在各类评估中落实师德师风第一标准，充分体现教学质量、教学奖励、精品教材、学生培养等方面成效，做好对教师教学科研工作的全面评估。充分尊重不同学科特点和人才成长规律，建立健全分类评价体系，针对不同学科构建不同导向、不同标准的评价体系，坚决破除"五唯"，努力做到不拘一格、唯才是举。持续优化"预聘-长聘"制度体系，发挥预聘职位人员中期发展评估的指导和激励作用，严格长聘职位聘任评估。完善学术评审机制，实行同行专家评审，充分考察候选人教育教学、科学研究、校内外服务情况和未来发展潜力等，按照"九步走"流程层层筛选、严格把关。进一步拓展教师职业发展空间，对于尚未纳入分系列管理的教学科研人员，将其长聘职位聘任评估机会调整为两次。适度增加教学、研究技术系列年度晋升名额，拓宽发展通道，引导教师各展所长、快速成长。

(四)整合优势资源，做好人才服务保障

配齐配强人才工作力量，提高人才工作队伍专业化、职业化水平。设立人才工作专项经费，表彰和奖励在人才队伍建设工作中表现突出的单位和个人。健全

会议统筹和年度会议计划机制，规范精减会议活动，努力为人才减负松绑。推进实施“引进人才安居工程”，挖掘住房资源，改造教师公寓，为高层次人才提供住房保障。加强对人才的身心健康关爱，发挥学校医疗资源优势，探索为教职员工提供方便快捷优质医疗服务，不断提升人才医疗服务保障水平。挖掘扩展附属学校办学资源，努力满足教师子女基础教育需求，引导教师潜心教书、静心育人。

二、复旦大学

近年来，复旦大学以习近平新时代中国特色社会主义思想为指导，全面贯彻党的教育方针，坚持社会主义办学方向，落实立德树人根本任务，遵循教育规律和人才发展规律，系统推进人才分类评价改革，不断提高人才评价的科学性、专业性、客观性。

(一)坚持党管人才原则，确保人才评价正确方向

人才评价是人才队伍建设的指挥棒，人才评价导向直接关系着人才发展生态。学校坚持党管人才原则，加强党对人才评价工作的领导，将改革完善人才评价机制作为人才工作的重要内容，充分发挥人才评价的正向引领和激励作用。一是健全领导体制，先后成立党建思政工作领导小组、人才工作领导小组、师德建设委员会等，切实加强党对人才工作的全面领导。二是加强战略谋划，党委常委会定期研究人才工作，通过健全制度、创新机制、改善环境、加强服务，不断优化顶层设计，搭建人才评价改革的“四梁八柱”。三是压实工作责任，成立党委教师工作部、人才工作办公室，二级院系组建人才工作小组、配齐分管教师思政工作的党委副书记，完善党委中心线、院系中场线、支部生命线“三线联动”工作机制，层层压实责任，让人才评价改革各项任务落到实处。

(二)健全分类评价体系，突出品德业绩能力导向

一是坚持分类指导，健全科学的人才分类评价体系。学校遵循人才成长规律，分类建立体现不同岗位、不同层次人才特点的评价机制，科学客观公正评价人才。以职称评审为例，学校分类建立了16个系列职称评聘体系，分系列制定职称评审办法，避免“一把尺子量到底”。对于教师主体，从进校即明确区分为教学为主型、教学科研并重型和科研为主型三种岗位类型，在职称晋升时分别根据《教师高级职务聘任实施办法》《教学为主型岗位教师高级职务聘任实施细则》等文件实施分类评审。出台《智库研究系列高级职务聘任办法》，单设名额，单列实施。下一步，还将研究制定重大创新任务专任岗位高级职称晋升有关文件，鼓励专任岗位研究人员对标重大战略需求，主动承担国家和地方重大创新任务。

二是突出品德评价，全面落实师德师风第一标准。在职称晋升、推优评奖、人才推荐、年度考核等各项人才评价工作中，建立基层党支部、院系分党委(党总支)、学校教师工作部三级师德师风审查体系，明确院系分党委(党总支)在师德评议、政治把关中的首要责任，做到"逢进必审""逢推必审""逢评必审"。对师德失范的个人，坚决执行一票否决。

三是科学设置评价标准，坚持凭能力、实绩、贡献评价人才。在人才评价改革过程中，学校着力解决评价标准"一刀切"的问题，注重发挥二级院系在人才评价中的主体作用，将评价标准制定权下放到院系，由各院系对标一流学科，坚持共通性与特殊性、水平业绩与发展潜力、定性与定量相结合的原则，建立科学合理、各有侧重、符合自身学科特点的评价标准。对于基础研究类人才，注重评价新发现、新观点、新原理、新机制等标志性成果的质量、贡献和影响；对于应用研究类人才，注重评价新技术、新工艺、新产品、新材料、新设备等标志性成果的质量、贡献和影响。

(三)完善教书育人评价，落实立德树人根本任务

立德树人成效是检验高校一切工作的根本标准，学校把教书育人作为人才评价的核心内容，不断提升广大教师的育人意识、育人能力、育人水平、育人效果，激励引导广大教师落实立德树人根本任务。

一是明确教书育人是教师的首要职责。根据教师不同岗位细化工作数量和工作质量等方面的要求，要求教授要到一线为本科生、研究生讲授基础课和专业基础课。鼓励教师积极参与教育教学改革、积极参与教学组织建设、积极参与第二课堂育人工作，明确研究生导师是研究生培养的第一责任人，强调要积极发挥科研育人在研究生培养中的重要作用。激发教师教书育人主体活力，推动教师培训常态化，提升教师"三全育人"意识，切实将"三全育人"要求落实到每一名教师。

二是优化教学评估体系，注重对教学质量和教学效果的评价。将教材建设、精品课程建设、学位论文指导等内容纳入教师教学评价体系，不断完善学生课程评教制度，强化教学质量督导与考核，完善评价结果反馈和使用机制。完善育人评价体系，健全教师育人评价机制，将第二课堂育人工作纳入教师评价范畴、纳入育人绩效奖励范围，建立第二课堂育人与第一课堂教学、学生工作经历之间的成果互换互认机制。健全研究生导师评价机制，确立了学位论文质量指标与导师考核评价、招生资源配置挂钩的联动机制。

三是在人才评价重点项目中加强教书育人考核。在人才引进过程中，加强对拟聘用教师教书育人能力的考核，教书育人能力考核合格为聘用的必要条件之一，对新入职教师，实行试讲制度。在岗位考核过程中，将各类教书育人工作情况纳入年度考核内容，合理增加育人绩效经费投入，以教书育人贡献为核心内容制定育人绩效激励政策。在职称评审过程中，加强对教学投入与质量的考核，鼓励教师将教书育人优秀成果作为代表性成果。在人才计划评审过程中，强调高层次人才遴选和培育要突出教书育人导向，让高层次人才同时成为卓越教师。在推优评奖过程中，突出荣誉奖励的教育教学价值导向，充分发挥荣誉的激励作用，建立健全梯度合理的教育教学荣誉体系和激励计划。

(四)实行代表性成果评价，破除“五唯”顽瘴痼疾

2009 年，学校在人文社会学科开始探索代表性成果评价机制，推动人才评价从量化导向向质量导向转变。2012 年，在认真总结经验的基础上，正式在全校推行代表性成果评价机制。2017 年，根据“双一流”建设目标和要求，着力推行以综合准入标准为基础的优秀代表性成果评价机制，围绕师德师风、教书育人、科学研究、社会服务、专业发展等方面实施综合评价，克服“五唯”“SCI 至上”等倾向，引导广大教师追求一流育人质量、一流学术成果和一流社会贡献。

在内容方面，代表性成果评价机制注重质量和贡献，学校明确代表性成果应具有系统性、标志性、创新性，强调代表性成果应是解决所在学科领域的重要问题、关键难点，或者是应对关系国计民生和国家重大战略问题做出重要贡献，具有重要影响，并被所在学科领域普遍认可的重要成果。在形式方面，代表性成果既可以是教书育人方面的重要成果，如教材、教学研究论文、优秀教案等；也可以是有重要影响的学术成果，如著作、论文等；或者是重要的应用成果，如专利、软件著作权、咨政报告等。

与以往的评价方式相比，代表性成果评价机制对同行评议的科学性与公正性具有更高的要求。学校不断完善校内外专家库建设，目前已建立起由数千名国内外高水平专家组成的校外专家库和数百名高水平专家组成的校内专家库，实施“小同行”精准评价。同时，学校不断完善同行评议的评价指标体系，指标体系涵盖学术贡献、学术活力、学术影响力、学术地位等指标，确保学术评价的科学合理。近年来，学校还非常重视人才评价信息化建设，建立了职称评审“双语”系统，实现“个人填报、院系审核、专家评议、结果统计”的信息一体化；建立了网络视频会议评审模式，确保疫情期间人才评价工作的正常有序开展。

为了打破“唯资历”倾向，拓展青年人才事业发展空间，促使青年拔尖学者脱颖而出，2015 年，学校开通青年杰出人才晋升高级专业技术职务的专门渠道。取得突出成果的青年杰出人才申请正高级专业技术职务时，可不受代表性成果数量、任职资历等方面的限制。学校通过严格的专家推荐、评审等程序，综合评价申请人的学术活力、学术影响和学术贡献，确保青年杰出人才的质量和水平。

下一步，学校将认真学习贯彻落实《深化新时代教育评价改革总体方案》精神，坚持立德树人，牢记为党育人、为国育才使命，深入推进人才评价机制改革，增强改革的系统性、整体性、协同性，建立健全富有时代特征、彰显复旦特色、体现一流水平的人才评价体系。

三、清华大学

2014 年，清华大学全面启动教育领域综合改革，以人事制度改革为突破口，探索教师分系列管理，设置教研、教学、研究三个不同的职务系列。2016 年，基本形成以教师分系列管理、准聘长聘制度为特征的教师队伍管理体系，指导各院系初步建立了与教师系列、学科特点、岗位职责相适应的教师评聘学术标准和分类评价方式。2019 年，学校制定《关于完善学术评价制度的若干意见》，全面启动院系教师学术评价制度修订工作。截至 2020 年 6 月，学校校务会议已审议通过 41 个院系《教师聘任管理办法》文件，完成教师评聘学术标准修订工作。

《深化新时代教育评价改革总体方案》印发后，清华大学教师评价改革进一步聚焦评价内容导向和评价文化养成。在评价内容上确立立德树人是教师评价的第一标准，充分发挥师德师风和教书育人成效评价在教师评价中的重要作用，对于学术研究评价更加强调对真问题的研究，突出质量贡献要求；同时建设风清气正的学术共同体评价文化，严格自律，严肃规范和制度，形成良好的学术发展氛围。

(一)弘扬教书育人，确立立德树人作为教师的第一评价标准

在教师评聘中强化育人导向，明确教学工作量的要求。教研系列教师至少保证 40%的工作量用于课堂教学、本科生班主任等教书育人工作，另有不低于 5%的工作量用于课堂教学之外的学生教育和指导工作。在教师评价改革工作中突出教学实绩，提高教学质量，把认真履行教育教学职责作为评价教师的基本要求，在教师引进、职务聘任、绩效考核等教师全流程管理中凸显对教育教学的重视。

在教师引进工作中，通过院系面试程序考察申请人的表达能力和教书育人意愿，通过学校教学试讲程序考察申请人的教学能力和潜力，教师入职后需参加教师发展中心的新教师导引和教学能力进阶项目，帮助青年教师提高教育教学能力。同时通过课程思政培训、教与学分享会、教学名师讲坛等一系列活动，营造教师积极投入教学、研究教学的氛围。

学校加强教育教学业绩考核，将教育教学和人才培养情况作为教师评价的重要内容。建立教师教学档案袋制度，开展院系教师教学档案袋评审工作。在教师个人申报表中专门设计教育教学工作综述及教学学术栏目，用于申请人阐述其教

育理念、本科教育教学概述以及教学学术的突出成果等内容；在院系评审环节，教学委员会负责按照教育教学相关要求进行审查鉴定；学校人事部门会同教学主管部门按照要求审查申请人的课堂学时数和学生评教情况，未通过教学审查的申请人原则上不可申请职务晋升。

在二级单位年度绩效考核工作中，人才培养指标权重占到总指标权重的近一半。学校加大对教育教学的投入，设立"综合课时津贴"对教学工作予以专项奖励，并在分配中对公共课、基础课、实践课等本科课程给予重点倾斜；对主要从事教学工作的教师，逐步提高教学绩效工资水平，绩效分配与教学数量、教学质量紧密挂钩，突出激励导向。设立教师教学奖励的荣誉体系，让投身教学的教师备受重视和尊重。

(二)提倡真问题研究，建立突出质量贡献的学术评价制度

教师队伍管理全面进入新体系，涵养了良好的学术评价生态。教研系列实行准聘长聘制度，鼓励教师从事长周期、基础性、前沿性研究；教研系列教师不分等级地享有同等的学术权力，助理教授可以独立指导博士生，极大鼓励新引进的青年教师自主选择科研方向，快速成长。进一步改革教师学术评价标准，回归学术本真，建立突出质量贡献的学术评价制度。在评价标准中取消了量化指标导向，引导教师认识到量化指标只是学术追求产出的部分成果，而不应该成为学术追求的根本目标。从改革评审表格样式着手，如将大段的自我陈述替换为两个学术创新点的表述，引导教师确立自身的学术方向，开展真问题研究；又如将代表作更改为代表性成果，提醒教师关注成果的多样性，不唯论文。引导评审专家不简单地从各种量化指标简单片面比较，安排详细的候选人答辩环节以及多方面小同行专家的详细介绍，增加申请人学术质量贡献内容和学术影响力的综合评价。各院系将《教师聘任管理办法》评聘标准中量化指标的内容取消后，对师德师风、教育教学等多方面的考察内容进行规范和强化，使得评价更加全面。

(三)完善同行专家评审制度，建设良好的学术共同体文化

破除"五唯"，完善学术评价制度，要建立科学、合理、规范的评价程序和制度，进而保障学术质量的不断提升。同行专家评审制度是学术评价中通行的制度，如何发挥同行专家评审的作用，通过同行评审程序落实教师队伍建设目标是其中的关键问题。学校从同行专家遴选、同行评审函等方面进行规范。各院系(学科)按照学科建设目标规范遴选同行专家，在同行评审函中，请专家评价申请人研究方向的重要性，对于学术水平的评价则强调客观性，着重评价被评审人的学术影响力等。例如，物理系在国际同行评审程序中，要求评聘小组提供 3～5

人与申请人同领域相近年龄段的国际一流学者的对比名单，国际评审专家将申请人与对比名单上的学者进行直接比较。

自律的学术共同体文化是有效进行学术评价的基础。清华大学在各院系教师评聘学术标准修订工作中，强调建立教师参与和全体长聘教授意见征询的机制，通过教师广泛参与讨论逐步形成共识。在评价程序公正有序的前提下，提倡学术共同体成员根据评判标准，从研究领域、学术品位、质量贡献等方面对申请人做出评价，进而营造尊重学术、公平公正、慎思明辨、集思广益的良性评价氛围，逐步建立坚守诚信、崇尚创新、鼓励探索、敢于担当、宽容失败的学术文化。例如，生命学院作为学校试点单位进行教师人事制度改革以来，严格执行制度，维护树立良好的学术风范，增强学术共同体的自律，不断遴选并吸纳优秀的学者加入，已形成较好的学术共同体文化。

四、南京大学

南京大学根据自身办学实际，在党中央的领导下，进一步深化本校教师评价改革工作，为科研人员的学术成长与发展提供了良好的学术生态，为高校教师科研评价改革提供了诸多有益经验与启示。

(一)坚持内涵为重、质量为先的价值导向

党的十八大以来，南京大学按照习近平总书记扎根中国大地办大学的指示精神，提出“做问题导向的原创研究”，要求关注科研工作的内涵和质量，而不是简单的数量或者影响因子。2018 年，提出构建“三位一体原创驱动式”科学研究新模式，即以基础研究为根，向创造技术、成果转化延伸拓展，关注成果解决问题的价值，倡导成果形式的多样化。这些理念决定了南京大学的科研评价，必然不以 SCI 论文或量化指标为圭臬。

(二)以打通创新链为目标，优化科研组织与评价体系

改革开放以来，南京大学根据国内外科技发展形势和学校实际情况，实施了三次重要的科研评价转型，分别是引导对科研成果进行国际评价、关注科研成果质量、倡导以问题为导向做卓越科研。《深化新时代教育评价改革总体方案》发布后，南大进一步深化科研评价改革工作。一是继续实施“科技创新十百千工程”和“卓越研究计划”，强化问题导向和卓越研究。二是修订博士研究生培养方案和学位授予质量标准，对标国家需求、科技进步、文化传承，注重创新性成果培育，为不同类型学生培养提供多元通道。三是人才队伍建设与 SCI 论文脱钩，进一步完善分类评价制度，在职称晋升评审中新增先进技术组和“冷门绝学”跨学科组。

深化推行代表作制度，加强同行评议。在聘期考核中，加强对师德师风、社会服务和科研质量的要求，不再对论文等有明确要求。例如，电子科学与工程学院对基础研究和应用研究分别给出质量标准，其中基础研究类对标科学前沿，除“三高”论文外，对学位委员会认可的其他高水平研究论文、参加研究生创新大赛获得国家级奖励、相关授权发明专利也予以认可；应用研究类对标国家需求，对承担先进技术项目服务国家需求、相关授权发明专利、成果获得转让并为学校实现可观经济效益、成果通过省部级以上鉴定等，均予以认可。

(三)聚焦服务国家，建立专用先进技术科技人才评价通道

考虑到专用先进技术研究评价的安全性与知悉范围等因素，科研的评价统一由先进技术研究院组织实施。专用先进技术学科组的职称评审和博士生导师岗位评审分别由人事处和研究生院与先进技术研究院共同组织。除了对师德师风、立德树人成效、研究生培育能力等进行考察之外，学术创新能力的评审采用先进技术研究院组织的评审结果。专用先进技术学科组的设立为学校教师从事专用先进技术研究、服务国家重大需求提供了重要保障，为学校高水平高素质教师队伍依托优势学科服务国家重大发展战略，为国家培养高层次专用先进技术科研生产事业接班人提供了重要保障。

为专用先进技术学科的有组织、跨学科科研提供专门增量资源，并系统谋划评价结果与增量资源分配联动机制。从中央高校基本业务费中辟出专用先进技术专项，用于支持学校三个专用先进技术特色部级重点实验室开展有组织的科学研究。同时，为充分利用增量资源，学校强化以平台为单位，对进驻平台有组织科研的增量成效进行考核，并以一定周期调整增量资源的动态分配。

(四)机制创新初显实效

南京大学科研评价体制改革已有了初步成效，为科研人员的前沿创新与自身发展提供了良好的土壤。

学校物理学院某博士一直从事核物理的基础理论前沿研究，该领域存在研究难度大、周期长、期刊影响因子低等问题，南京大学实行职称晋升代表作制度，在考核制度和职称晋升过程中坚持“不唯论文和影响因子”的评价导向，该博士工作以来在南京大学讲师和副教授聘期考核中连续获得优秀。他在晋升教授的述职中，没有简单根据期刊影响因子选择对发表在国外期刊上的科研工作进行介绍，而是根据物理意义，着重介绍了他发表在《中国物理快报》上的一项创新性工作，获得校内外评委的高度认可，最终在晋升教授的投票中获得全票通过。“不唯论文和影响因子”的评审机制使得青年教师更能安心研究前沿科学领域有挑战性的一些基础核心问题。

现代工程与应用科学学院某教授把主要精力放在搭建具有国际领先水平氧化物分子束外延与原位角分辨光电子谱实验平台中，前3年他只发表了一篇论文，但学校充分肯定平台建设进展，给予持续有力支持，最终他做出了突破性成果，制备出一类基于钙钛矿氧化物的新型二维材料，成果2019年在*Nature*上发表。*Nature*专题报道将此成果与石墨烯相比较，认为"打开了二维氧化物钙钛矿研究的大门，该技术的突破使得钙钛矿材料将如石墨烯一样被广泛研究"。

五、四川大学

四川大学坚持以习近平总书记关于深化教育评价改革的重要指示为根本遵循，坚持以德为先、突出质量导向，切实尊重学科差异，强化同行专家评议，实行代表性成果制，优先将教师科研评价作为改革重点。

一是内行评价内行，规范人才引进。不断完善人才引进的标准和程序，制定加强人才引进工作的实施办法，兼顾学科特点，进一步优化同行专家评议、代表性成果评价，着重采取"内行评内行"的方式，着力破除"五唯"，引进人才突出品德、能力、业绩导向。例如，从加拿大引进某博士，在没有文章发表的情况下，学校对其学术表现和潜力进行同行评议，结合岗位需求，同意以特聘副研究员引进。该教师入校2年后，与新加坡国立大学的学者一起在国际顶级经济学期刊发文，并在该研究领域撰写多篇高质量论文，同时与多位具有国际声望的学者建立了稳定的研究合作关系，成为学校经济学科领域的重要新生力量。学校综合评价某教师"间充质干细胞和硬组织发育"等代表性成果后，同意从国外引进，该教师到校后即组建科研团队，指导青年教师及硕博士10余人，继续围绕自身优势专业研究领域，深入探讨其在口腔相关疾病中的作用，为口腔医院成骨发育方向的研究水平提升及人才培养做出积极贡献。

二是突出质量贡献，科学遴选人才。为真正树立学高为师、身正为范的教师典型，学校在各类人才遴选中树立以质量为导向，突出学术贡献、社会贡献和支撑人才培养作用，推行代表性成果评价，充分发挥同行评议作用。例如，"四川大学文科杰出教授"是学校哲学社会科学领域的最高学术荣誉称号，对申报者发表的论文、获得的项目等没有严格的数量要求，重点以在本学科领域做出原创性、有影响的成就，为国家经济社会发展做出重要贡献等为评选条件。申请人只需提供代表性成果的原件，学校将申请人的代表性成果等相关材料寄送国内人文社科领域的相关资深教授、学部委员或著名学者进行同行评议，同行评议结果作为申请人能否入选杰出教授的重要参考。2019年，学校新增选的2名文科杰出教授，重大项目和高水平成果数量并非最多，但均在本学科领域做出重大原创性贡献，享有很高的学术声誉，且同行评价一致优先推荐。在科学遴选研究生导师方面，学校修订完善增列研究生指导教师实施办法，取消一般性成果数量要求，突出高水平代表性学术成果质量要求，综合评价导师候选人立德树人、指导能力和培养条件，实施研究生导师资格和招生动态上岗分离制度，重视导师培养成效，强化导师培养条件要求。

三是差异分类评价，助推人尽其才。学校坚持破除“五唯”影响，以教师的积累性贡献作为主要评价因素，修订完善专业技术职务申报条件和评聘管理办法，强化师德师风考核、突出教学育人业绩、参考成果转化实效、重视社会服务参与度，为不同类型、岗位的人才铺设适合其自身特点的成长路径。根据岗位、学科的侧重点和差异性分类管理，将职称系列细分为教学为主型、教学科研并重型、科研为主型、临床医疗为主型等。例如，开通面向一线临床医疗人员的职称晋升通道，打破学历、科研业绩等条件限制，重点评价其临床医疗技术水平等临床工作质效，着重考察行业影响、社会服务、患者口碑、同行评议等方面。学校某临床医师，只是硕士学位，但长期致力于胃肠内镜诊治一线医疗、教学工作，具有丰富的消化道疾病诊治经验，每年完成大量的内镜诊治病例，其治疗患者的并发症远低于国际发生率，居于国内领先水平，已破格晋升为主任医师。

四是建设专家库，公平公正评价。为充分发挥学术共同体在代表性成果评审过程中的重要作用，建立权威、公平、公正的同行评议制度，学校建设代表性成果同行评议专家库。目前，专家库已有5000余人在册，专家所在工作单位覆盖80余所著名高校和科研院所，并已建立配套的管理制度。例如，在职称评审中，学校已将专家库与职称评审系统有机结合，根据参评人员所在二级学科和从事专业方向，从专家库随机抽取校内外同行专家进行代表性成果匿名通讯评审，凡同行专家评议不通过者，不能进入会评阶段。

六、浙江大学

为进一步吸引人才、留住人才、用好人才，浙江大学深化人才评价机制改革、强化人才梯队建设力度、优化人才生态系统，全力建设科学规范、系统完备的人才培养支持体系、人才分类评价体系。

(一)深化人才评价机制改革，绘就“浙才”新图景

浙江大学深入分析当前人才评价机制改革工作面临的瓶颈与挑战，因势利导、顺势而为，努力抓住人才工作的窗口期、挑战期和黄金期，以人才评价机制改革为驱动，加快人才工作体系及体制机制的高质量战略转型，着力打造人尽其

才、追求卓越的人才队伍，全面推进学校发展。

1. 全面落实党管人才，确保人才评价机制改革有方向

学校定期召开人才工作领导小组会议及专题会议进行研究部署。2017 年 9 月起，人才工作纳入各院系中层领导班子任期目标任务书。2019 年起，学校与各院系签订人才工作责任书，明确了人才队伍发展目标和要求，将人才工作作为班子任期的重要工作和考核的重要内容，开展院级党组织书记述职人才工作。开展党委人才工作专项督导，加强对师德师风的核查，突出课堂育德、规则立德、典型树德，找准院系人才评价痛点盲点，狠抓整改落实。

2. 全面建构顶层设计，确保人才评价机制改革有架构

学校、部门、院系、学科同频共振、同向而行。学校重在发挥引领作用，制定宏观政策和规划，加大组织实施力度，围绕目标，明确各项重点任务的主体和分工，强化责任督导，形成闭环管理；部门重在发挥协同作用，在政策、经费、资源等方面做好支撑保障；院系重在发挥主体作用，落实人才引进、培育、输送等方面的目标责任，承接好人事自主权下放，增强人才引育的主动性和响应速度，为人才成长铺路搭桥、做好服务；学科重在发挥主导作用，围绕学科发展目标、布局和方向，提出符合梯队建设的人才评价方案。

3. 全面完善相关制度，确保人才评价机制改革有依循

学校结合教育部出台的《关于规范高等学校 SCI 论文相关指标使用树立正确评价导向的若干意见》等文件精神，修订了求是讲席教授、求是特聘学者及"百人计划"研究员等校内人才评选及考核评价制度，完善《高层次人才培育支持计划（第二期）》和"新百人计划"具体细则，将人才评价机制的基本条件界定为："师风师德高尚、学风严谨，潜心相关领域技术创新研究和技术发明，在研发及应用或推广技术领域取得公认的成果和巨大的经济、社会效益，在同行中具有很强的影响力"。坚持以学术水平为指针，发挥各级学术委员会的学术把关作用，开展高质量的同行评议。逐步引导评价机制更加偏重人才的专业化、影响力和科研能力，并将研发成果的质量、影响力和转化效益作为重要评价指标。

4. 全面梳理人才计划，确保人才评价机制改革有路径

围绕学校定位、学科发展规划，精准提出人才招聘和引进岗位需求，坚持人岗相适原则延揽人才，坚决摒除把人才称号作为人才计划的硬性指标。将国家人才计划与浙大发展实际相结合，统筹考虑人才称号获得者和其他高水平人才，建立了具有浙大特色的人才培养和支持体系。学校创设了领军人才品牌——求是特聘学者，并按照不同的学科领域设置相应岗位，如求是特聘教授岗、求是特聘教学岗、求是特聘医师岗、求是特聘实验岗等。此外，为完善和探索分类评价机制，学校设置了求是系列专项岗位，如求是科研岗、求是技术创新岗、求是工程岗、求是智库岗等，激发教师在各自岗位上做出杰出贡献。学校还健全了各层次人才计划的期中、期满评估，进一步优化了以创新质量和学术贡献为导向的评价机制。

5. 全面贯彻“去利益化”，确保人才评价机制改革有高度

学校坚决贯彻落实以岗定薪、按劳取酬、优劳优酬原则，下大气力推动人才称号“去利益化”，对高层次人才按照实际情况实行年薪制、协议工资制等多种薪酬模式，根据岗位职责、工作业绩、实际贡献等，合理确定收入水平。彻底摒弃将人才称号与薪酬待遇等物质利益简单挂钩的做法，初步建立了人才薪酬待遇与其履职年限、长期贡献相匹配的人才评价机制，建立了风清气正、潜心治学的人才评价体系，并将其贯穿到人才引进、选拔、培养的全过程。

(二)强化人才梯队建设力度，打造“浙才”新高地

浙江大学认真遵循高等教育发展规律，依据工作实际，矢志求是创新，全面对接国家及区域人才战略，前瞻谋划学科板块汇聚、内外融合，持续更新人才工作理念，逐步建立了科学规范、系统完备的校内人才分级分类培养支持体系。

1. 加快学术大师汇聚，实现顶尖人才优中选优

一方面，持续加大学术大师的引育力度，通过深入实施学术大师汇聚计划，充分利用冠名教授制度，围绕学科方向大力引进全球范围内的顶尖学者等；在非热点、非共识、非主流研究上选准领域、提前布局，努力引育未来的大师。另一方面，发挥现有学术大师的作用，加强海外学术大师工作室建设和考核，发挥其在培育团队、引进人才方面的作用；明确学术大师对青年人才的培育责任，通过建团队、压担子、育苗子等，为青年人才成长铺路搭桥。

2. 强化高层次人才引育，实现领军人才量质齐飞

浙江大学着力强化相关人才工作，一是在引进上突出“高精尖缺”，围绕学科发展方向按需、按规划设岗引人；二是在培育上突出精准化，调整以往普惠性的政策，给予不同层次的培育对象以不同力度的支持，更加突出针对性、有效性。

3. 超常规支持青年人才，帮助青年人才成长成才

学校依托高水平师资“百人计划”，优化青年人才岗位设置、评选条件、评审程序，通过更加灵活的引进机制，引进了一批学科匹配度高、发展潜力大、能够独立推进某个学术方向的青年人才。加强对青年人的支持，给予他们符合青年人才发展特征的重点支持政策、个性管理制度、科学评价体系。学校、学部和院系制定了切实可行的青年教师发展规划，实施"博士后千人队伍三年建设计划"等，不断壮大学校青年科研力量，帮助青年人才崭露头角、脱颖而出。

4. 打造卓越教学师资，贯彻为党育人、为国育才使命

为进一步激发教师教学活力，提升教学荣誉感和责任感，引导教师坚持立德树人，遵循教育规律、思想政治工作规律、学生成长规律，学校设立卓越教学岗。选拔了一批具有坚定理想信念、良好思想政治素质、崇高师德师风的一线教师，并给予政策和资源的特别支持。校内教师尤其是高层次人才对教学工作的投入热情显著提升，学校办学质量和办学水平有了极大飞跃。

5. 助推不同类型人员各展其长，实现不同类型人才和谐共生

通过深化岗位分类管理，系统总结经验不足，学校进一步加强了校院间的协同联动，根据不同学科的特点优化考核激励，共同做好各类人才与长聘教职改革的衔接。加快目标驱动、问题导向的团队建设，尊重不同类型人员的发展需要，形成欣赏、包容、互鉴的价值导向，大力营造不同层次、不同学科、不同文化背景的人员都能和谐共处、干事创业、实现价值的良好氛围。

(三)优化人才生态系统，营造"浙才"新风气

围绕建设人才生态最优大学目标，浙江大学深入了解人才各方面需求，努力拓展人才服务的广度和深度，有针对性地解决他们的工作、生活关切，以优质的人才生态促进了人才的全面发展。

1. 注重人才暖心工作，拓展人才服务内涵

学校着力营造重才爱才的文化氛围，通过校领导联系服务专家制度、书记走访人才、校长学术沙龙和青年人才午餐会等，与人才进行面对面交流。开展"浙大欢迎您""浙大祝贺您""浙大祝福您"等系列暖心工程，使人才在各个重要的职业生涯阶段，都能感受到学校的关爱。营造具有人文关怀的校园氛围，切实增强人才对浙大的归属感、获得感、幸福感。

2. 理顺人才办事流程，提高人才服务效率

学校切实提升校内智慧治理水平，对标世界一流大学，建设了更加智能、更加友好的信息平台，提供了更加精准的人才教学科研服务。通过在各部门和院系探索设置教师事务服务专员岗位，有针对性地精减人才办事流程，加快"最多跑一次""最多找一人"改革，让人才充分享受校园的便捷服务和公共空间的舒适宜人。

3. 加强人才服务保障，完善人才服务模式

学校积极争取国家、浙江、杭州在人才政策、资源等方面的支持，下大气力解决人才住房申购、落户、子女教育、交通出行、医疗保障等关乎切身利益的实际问题，解决人才后顾之忧，让广大人才在发展的道路上“轻装上阵”。

第二节　理工类高校

理工类高校以理学、工学等学科专业为核心，其教师评价改革有其特殊性，本书以西北工业大学、北京航空航天大学等学校为案例，进行总结归纳。

一、西北工业大学

西北工业大学持续开展教育评价改革相关调研和研讨工作，深入分析教育评价存在的深层次问题，全方位自查现有评价体系中存在的不足，不断理清改革思路，加快完善相关文件制度，持续落实改革举措，逐渐形成更加完善的立德树人机制、更加多元的学生评价办法、更加健全的教育教学制度、更加科学的科研评价标准、更加合理的选人用人方式。

(一)加强党的全面领导，落实立德树人根本任务

一是建立健全了学校党委统一领导、党委职能部门谋划推进、基层党委贯彻落实的三级工作联动机制。二是着力构建学校“三全育人”格局和“十育人”体系。制定出台了《“三全育人”先进集体和“十育人”先进个人评选表彰管理办法》《西北工业大学进一步推进课程思政实施意见(试行)》等系列文件，评选了学校“三全育人”先进集体、“十育人”先进个人，并广泛开展典型宣传，营造全员育人氛围。三是深化思政课改革创新和课程思政建设，形成思政课程与课程思政同向同行、协同育人的工作格局。制定出台了《〈关于深化新时代学校思想政治理论课改革创新的若干意见〉贯彻落实措施及任务分解》《西北工业大学课程思政实施方案》，确保思想政治教育融入人才培养全过程。

(二)改革教育教学评价，提升拔尖人才培养质量

一是严格落实教授为本科生授课制度，成立了校领导牵头负责的“教授、副教授为本科生授课专项工作组”。出台《西北工业大学教授、副教授为本科生授课管理办法》《西北工业大学关于实行教授、副教授为本科生授课年审制度工作办法》，明确了教授、副教授为本科生授课的职责、上课要求、考核措施等。二是积极推进通识通修、学科专业、实验等本科核心课程建设，以及基础类、前沿类及语言类研究生一流课程建设。开设本科生课程数量达到2675门，在教育部公布的首批国家级一流本科课程认定中，23门课程入选。三是健全教育教学质量

保障体系，加强教学督导，完善学生评教、督导评教和教师自评指标体系。推动完成教学考核模式改革，将课程教学、课堂参与、课堂纪律、过程性考核、学生学习收获等教学实绩引入教学考核中。

(三)改革教师评价体系，推进践行教书育人使命

一是加强师德师风考核，树立品德、能力和业绩的人才评价导向，以师德师风作为评价人才队伍素质的第一标准，强调人才培养是大学的第一使命。二是建立教师分类评价机制，修订《西北工业大学A轨教授转入B轨长聘教授实施细则》《西北工业大学准聘长聘制度实施意见》等文件，建立8个系列12个类别的职称评审条件，对思政系列教师单列指标、单设标准、单独评审，进一步推动体美劳师资队伍建设，单设体育和美育教师职称标准，增加符合基础研究、工程实践(劳动教育)教师岗位特点的评价指标。三是建立团队和个人相结合的评价考核机制。鼓励以"三航"领域技术群为牵引，跨学科、跨学院组织优势团队，加强系统性、颠覆性国家重大重点项目谋划。赋予团队负责人一定的团队成员考核评价权力，引导团队负责人根据团队成员属性和特点，合理划分工作任务，界定实际贡献，为青年人才成长铺路搭桥。

(四)改革科研成果评价，激发科技创新和创造活力

一是强化科研分类考核评价导向，建立分学科、分岗位、分类别、分领域、分阶段的评价体系。出台《西北工业大学科研分类评价指导意见(试行)》，针对不同类型的科技创新活动与科研平台，以定量、定性相结合的方式，分别建立以创新质量和学术贡献为核心、各有侧重的评价路径。二是完善学术同行评价机制，出台《西北工业大学科研评审专家管理办法》、修订《西北工业大学专业技术职务评审办法》，进一步规范评审专家在学校组织的各类评审、评价、评估工作中遵守学术操守，不简单以论文相关指标和国内外专家评价评语代替专业判断，提升同行学术评价的科学性、专业性和公信力。三是修订完善科研奖励实施细则，完善职称评审条件中的科研成果认定机制，重视科研育人成效。改革现有科研项目和成果转化激励方式，停止对论文的奖励。完善国防科技领域成果的考核奖励模式，对科研成果进行分层、分类考核奖励，鼓励教师潜心研究，突破国防领域关键核心技术。

二、北京航空航天大学

北京航空航天大学坚持立德树人第一标准，持续引领"德教双馨"一流师资队伍建设。

(一)分层设置，树立教书育人鲜明导向

坚持把师德师风作为评价教师的第一标准，树立新时代教师楷模，学校于2017年起设立“立德树人奖”，旨在表彰在教书育人一线取得突出成就和做出突出贡献的优秀教师。评选标准坚持“不唯帽子”，以扎根教学一线、潜心教书育人为导向，要求年均授课不少于64学时；其中，以“立德树人成就奖”树立从教30年以上有杰出成就、德高望重的大师榜样，以“立德树人卓越奖”树立从教15年以上有卓越成就、很高声望的名师榜样，以“立德树人优秀奖”树立从教5年以上有优秀成绩、学生爱戴的骨干教师榜样，共同构成新时代优秀教师队伍群像。

(二)教师本人不申报、领导干部不参评

“立德树人奖”坚持师生共同推荐，以师生广泛认同、突出业绩事迹为导向，评选过程教师本人不申报、领导干部不参评，师生参与率高达94%。获奖教师平均从教30年，覆盖工、理、文、基础教育等22个教学单位，包括教研系列、教学系列、实验系列。获奖者中有结构疲劳专家高镇同、百岁老人文传源这样的“大先生”；有坚持科教融合、将国家一等奖最新成果融入课程的王华明、苏东林两位院士；有“把自己的芳华变成了学生的芳华，努力录课，要再教500年”的国家教学名师李尚志；有倡导“六有”精神培养学生的“月宫一号”总设计师刘红；有创新开展“梦拓计划”教育改革，学生口中的“王妈妈”王惠文；有潜心钻研教学，深受师生喜爱的讲师王洪伟；有学生评教满意率最高，选课“一课难求”的“80后”思政课教师高宁。他们是学校教师队伍积极践行“四有好老师”和“四个引路人”的传承者和见证人。

(三)讲好师德故事，立德树人深入人心

“立德树人奖”经过多年的精心培育，体系完备，成效显著，已成为引领师德师风建设的经典品牌。学校组织立德树人获奖教师讲习团开展宣讲，全校二级单位全覆盖，讲好师德故事，内化师德涵养，立德树人深入人心。全体教师争先做出教学业绩，以获评“立德树人奖”为最大光荣，崇尚师德、争创典型的风尚已经基本形成，持续引领“德教双馨”一流师资队伍建设。

三、长安大学

长安大学高度重视教育评价改革工作，对本校教师与评价改革工作进行了系统规划和总体部署，按照“谁制定、谁清理”“谁主管、谁清理”的原则，科学谋划了教育评价改革路线图。

（一）强化改革顶层设计，系统部署教育评价改革工作

学校高度重视教育评价改革工作顶层设计，成立了由校党委书记、校长担任组长的长安大学深化教育评价改革工作领导小组，在领导小组统领下，研究制定了《长安大学深化新时代教育评价改革工作方案》，全面落实《深化新时代教育评价改革总体方案》要求，认真组织相关专项领域的评价改革学习宣传培训，夯实责任，明确任务，扎实推进方案落实和督促检查。

（二）聚焦立德树人根本，科学谋划教育评价改革路线图

学校坚持以习近平总书记关于教育的重要论述和全国教育大会精神为指导，确立了评价改革总体思路和原则。一是坚持立德树人，努力培养担当民族复兴大任的时代新人，培养德智体美劳全面发展的社会主义建设者和接班人；二是坚持问题导向，找准突破口，立行立改，破立并举，推进学校教育评价关键领域改革取得实质性突破；三是坚持科学有效，改进结果评价，强化过程评价，探索增值评价，健全综合评价，完善评价结果运用；四是坚持系统推进，充分发挥评价指挥棒作用，以教育评价改革牵引和推进学校关键领域更深层次的综合改革。

（三）找准关键环节抓手，夯实重点领域改革主体责任

学校严格对照《深化新时代教育评价改革总体方案》，研究制定了《长安大学深化新时代教育评价改革落实工作清单》，建立了改革任务落实台账，梳理出“改革学校评价、改革教师评价、改革学生评价、改革用人评价”等领域重点改革任务 22 条，逐条明确了牵头责任单位、具体落实举措、完成时限，确保《深化新时代教育评价改革总体方案》改革任务落到实处。

（四）制定负面清单，坚决做到令行禁止

对照《深化新时代教育评价改革总体方案》中的明令“禁止”“不得”事项，相关责任单位全面梳理了突出教育教学实绩，改进高校教师科研评价，推进人才称号回归学术性、荣誉性，深化考试招生制度改革，树立正确用人导向等方面的负面清单，制定了《长安大学十个“不得”、一个“严禁”等事项清理清单》，坚决做到令行禁止，严格落实问题整改工作。

（五）清理管理制度，坚决做到立行立改

按照“谁制定、谁清理”“谁主管、谁清理”的原则，学校全面梳理盘点了各级各类现有现行的规章、文件、制度、办法、细则、手册、工作程序等。为落实“立行立改、全面清理”的工作要求，研究制定了《长安大学规章文件清理意见汇总表》，进一步明确清理原因、清理意见、完成时限、责任到人。制度文件清理工作开展以来，对予以废止、宣布失效的规章文件，按法定程序已清理完成；对需要修订的规章文件，责任单位及时修订。

四、西安交通大学

西安交通大学提出"问题导向、平台驱动、机制创新、提质增效"的研究思路，运用大数据、人工智能、云计算、物联网等技术研制出支撑采、评、督、帮"四精模式"决策支持分析的教学质量实时监测大数据平台，制定 6 项新制度，创建教务、学工等多部门协调联动的精准督导与帮扶机制，营造师生高度重视课堂、促进全面发展的"四精模式"新课堂。

(一)研制"物联网＋云计算"数据精准采集方法

研制与师生身份绑定的访问控制精准化实时数据采集技术，确保数据真实可信；研制数据脱敏隐私保护技术，确保信息安全；研制出不同业务系统之间的数据交换共享接口。自动实时采集全校年均 6028 门次第一课堂和学生成长第二课堂数据。

(二)提出"分类评测-多维排序-结果融合"评价方法

将课堂分为理论、实验、体育、艺术、医学见习五种类型，设计与之相配的教学态度、内容、方法、效果、秩序五维评价指标。采用自然语言处理、深度学习与模式识别等算法，从 4 亿多条大数据中挖掘出反映课堂教学质量的细颗粒度特征，研制出多维指标排序算法、权重自适应调整的多维融合方法，自动识别态度不端正、内容不严谨等 5 大类 1626 个问题课堂和 12 万余条具体课堂问题(如照本宣科、互动少)，解决了课堂教学精准评价的难题。

(三)建立问题驱动的精准督导机制

建立专职督导团队，构建校、院、系三级立体交叉的督导机制，成立教师教学发展中心。针对发现的问题课堂和课堂问题，采用现场点评、课后还原、约谈警示、递进培训、专家会诊等个性化、跟踪式精准督导方式，指导纠正各类问题 5000 余人次。开展精彩课堂评选和名师培育，形成"评价、引导、反馈、提高"的督导闭环。

五、上海交通大学

上海交通大学着力深化人才评价机制改革，加强人才队伍建设，以海纳百川的胸怀引进人才，以人尽其才的理念培育人才，以精准贴心的标准服务人才，致力于建设与世界一流大学相匹配的一流师资队伍，扎根中国大地，建设中国特色世界一流大学。

(一)深化人才评价机制改革，加强人才队伍建设

党的十八大以来，学校党委深入贯彻落实习近平总书记关于教育、人才工作的重要论述，坚持党管人才原则，坚持新发展理念，树立正确人才观。

1. 创建长聘体系，规范引育模式

上海交通大学围绕坚持立德树人的根本任务，加快实施人才强校战略，树立强烈的人才意识和鲜明的用才导向，深化人才发展体制机制改革。建立了以人才金字塔、人才分类发展为基础，以学术荣誉体系和长聘体系为框架的师资建设发展模式，形成了特色鲜明的拔尖创新人才培养体系，为各阶段、各层次人才的持续集聚、成长、发展提供优质高效的管理与服务，全面推进世界一流大学和一流学科建设。

2004 年学校确立了人才强校主战略，以人才为核心的发展理念得到了全校上下的共识。2007 年学校着手建立人才金字塔，明确人才特别是核心师资队伍的发展阶梯和路径，进一步强化人才在学校发展建设中的重要作用。2010 年起，为激发学校各级各类人才的创新活力，学校推动分类发展改革，分步推进分类指导，构建多维度的人才发展通道。党的十八大以后，学校坚持立德树人根本任务，以充分发挥教育评价的指挥棒作用，引导确立科学的育人目标，确保教育正确发展方向为目标遵循，着手构建长聘体系师资队伍制度，设置科学合理的长聘岗位体系，畅通引进、晋升、评聘三种准入与发展路径，采用代表性成果评价、同行评议与学术共同体把关的综合评价方式，形成有利于人尽其才的培养机制，有利于共同成长各展其能的激励机制和有利于各类人才脱颖而出的竞争机制，为各类人才潜心从事教学科研提供宽松的外部环境，努力解决人才成长的后顾之忧，给各类人才创造更加完备的条件，使其各得其所、各展所长。

上海交通大学已经逐步建立了持续、稳定、有效的人才培养支持体系，逐步在引进、评聘、晋升、评估等各个环节完成了长聘体系的规范化、常态化建设。

学校打破"五唯"倾向，积极探索各类优秀人才引育并举新模式。人才引进方面，按照高端人才"按需设岗、精准引进"，青年人才"公开招聘、竞争入职"的原则，通过学术报告、学科专家面谈、学术委员会投票等方式综合全面地评价人才。学校实行更加积极、更加开放、更加有效的人才引进政策，加强学科及人才队伍的顶层设计和规划，鼓励学院采取国际通行方式引进人才，充分发挥校内学术共同体在人才引进过程中的评议、把关职能，在提升引进效率的同时注重对候选人思想道德、学术诚信、学术水平、教学能力、个人修养等进行全方位综合考

察，加强关键岗位高端人才的重点引进和优秀青年人才的储备，全面提升人才引进质量。人才队伍建设方面，为了避免“帽子决定位子”“奖项决定水平”的因素影响现有的人才队伍评价规则，上海交通大学不唯“帽子”、奖项，根据学校自身的长聘体系岗位晋升办法开展岗位晋升。所有岗位晋升程序均通过学院学术委员会推荐，最终以学校同行专家评审的方式决定是否晋升，学校根据岗位等级给予相应的薪酬待遇。

2. 丰富多元评价，完善发展通道

上海交通大学践行“人人皆可成才，人人尽展其才”的人才观，深化多元评价，构建科学有效的多维度人才发展通道，主要涵盖师资、研究、思政、管理和支撑队伍。师资队伍包括长聘教职系列和教学系列，其中以长聘体系为主，是学校的核心师资队伍；研究队伍即科研系列，以面向国际学术前沿、对接国家战略需求、服务社会经济发展为目标任务；思政队伍即辅导员，具有骨干力量稳定、专兼结合的特点；面向管理和支撑，学校要求建设职业化、服务型、研究型，具有国际视野的管理队伍和理论基础扎实、技能精湛、结构合理、素质优良的高水平支撑队伍。

为切实激发各类人才发展活力，上海交通大学推出教学、实验、思政系列“三大卓越奖励计划”，支持三大系列的优秀骨干群体。教学系列设置教授、副教授奖励计划，重点支持长期承担全校范围内的大量本科生或全日制研究生的公共基础课、专业基础课教学工作，教学效果优良且教学研究成果突出的教师。实验系列设置研究员(实验技术)、高级实验师、实验师奖励计划，重点支持优秀的实验技术骨干。思政系列设置教授、副教授、讲师奖励计划，重点支持在院系一线从事大学生思想政治教育工作的专职思政教师。

为进一步优化人才评价方式，树立正确评价导向，2020 年学校在专业技术职务聘任工作中试行代表性成果评价制度。代表性成果评价方案以“立德树人、教书育人”为根本，以“四个面向”为指引，尊重学科差异，更充分地发挥学术共同体在学术评价中的主体作用。

为激发研究队伍的积极性，以分类发展、多元评价为指导思想，探索建立研究队伍的岗位晋升体系，激励研究体系教师更好地投身基础学术研究、尖端科学探索、重大科技研发和服务国家战略，学校于 2019 年设立首席研究员岗位，是深入推进分类发展的改革尝试。学校在现有研究员专业技术职务体系的基础上，设置科研系列的荣誉岗位，为取得杰出成就、做出突出贡献的科研人员设计晋升台阶并提供保障激励。

2019 年，上海交通大学制定出台《上海交通大学人文社科实践应用型(艺术)

专业技术职务聘任实施细则》。该细则充分体现人文社科类特殊学科需求及艺术类实践应用型岗位的特点，岗位设置在音乐与舞蹈、戏剧与影视、美术、设计等相关领域中，主要面向在人文社科类学院(系)、研究院中承担教学工作，同时从事艺术等实践与应用性较强的专业领域工作的教师。经学校充分考虑获奖、贡献、业界影响力等各方面因素，综合评审教师晋升。此举是学校打破“五唯”顽瘴痼疾，创新人文社科实践应用型人才发展的具体体现。通过一系列举措，学校在进一步深化分类发展改革，健全和完善学校专业技术职务聘任体系方面迈出了坚实一步。

(二)以教育评价改革为牵引统筹推进改革

建立健全工作机制，是推进教育评价改革的基础。一是建立以凝聚共识为目标的宣传贯彻机制。通过党委理论学习中心组、党政联席会议、领导班子专题会议等方式，专题学习习近平总书记关于教育的重要论述和《深化新时代教育评价改革总体方案》；依托教职工党支部“三会一课”、主题党日活动，通过讲党课、辅导报告、专题学习等形式，认真领会中央精神，为抓好工作落实打好基础。同时，充分发挥学校的人才优势、学科优势、智库优势，组织教师和专家学者深入开展多形式、多角度的理论研究。二是建立以问题导向为核心的调研机制。坚持以问题为导向，针对学生评价、教师评价、学术评价等重点领域开展调查研究，全面梳理学校各项政策规定、制度办法等，瞄准关键问题、聚焦难点问题，形成问题台账。三是建立目标任务明确的责任跟踪机制。对照《深化新时代教育评价改革总体方案》制定形成任务分解表，确定阶段目标和重点任务，形成具体工作清单，明确责任单位、责任人、时间节点，严格按照制定的时间表、路线图立查立改，稳步推进教育评价改革不断落实。同时，系统梳理深化学校教育评价改革的重点领域和关键环节，将教育评价改革纳入学校建设的总体布局和重点任务，作为学校发展阶段的重要工作目标。

抓住重点评价环节，是推进教育评价改革的关键。一是以教书育人使命引领教师评价改革。把师德表现作为教师引进、聘用、考核、职称评聘、评优奖励的首要标准，强化教师思想政治素质考察。一方面，严格落实师德师风一票否决制，另一方面，健全教师荣誉制度，发挥典型示范引领作用。同时，把认真履行教育教学职责作为评价教师的基本要求，把参与教研活动，编写教材、案例，指导学生毕业设计、就业、创新创业、社会实践、社团活动、竞赛展演以及参与学生思政工作等计入教师评价必选指标，引导广大教师更加扎实地参与一线学生工作。二是围绕打造良好学术生态环境推进学术评价改革。确立服务国家需求、强化质量贡献的评价导向，重点评价教师的学术贡献、社会贡献以及支撑人才培养情况，不将论文数、项目数、课题经费等科研量化指标与绩效工资分配、奖励挂钩，纠正片面以学术头衔评价学术水平的做法。实施符合学科特点和岗位特征的分类评价，根据不同学科的发展定位与特点，建立健全学术评价体系，重点评价在解决“卡脖子”问题、重大科技成果转化、话语权和影响力提升等方面的能力和贡献。

加强党的全面领导，是推进教育评价改革的保障。在学校层面，进一步健全党委统一领导、党政齐抓共管、部门通力协同的领导体制。坚持党管人才、党管干部、党管意识形态，履行好学校党委把方向、管大局、做决策、保落实的职责。进一步健全学校党委对人事人才的领导体制和工作机制。把思想政治工作作为学校各项工作的生命线紧紧抓在手上，贯穿学校教育管理全过程。在二级单位层面，坚持“量质并进、以质为先”，更加注重发展性评估，健全分类评价、突出贡献、科学有效的二级单位工作目标和领导干部职责要求，纳入二级单位及领导班子考核评价体系，推进二级单位领导班子科学履职尽责。

六、北京理工大学

为全面落实《深化新时代教育评价改革总体方案》的各项任务部署，北京理工大学研究出台了相关工作方案，部署了一系列工作探索。学校加强党的全面领导，树立科学的教师评价改革导向，推进落实立德树人根本任务，践行教书育人根本使命，改进教师科研评价，改革用人评价，共同营造教育发展良好环境。

（一）加强党对学校教育评价改革工作的全面领导

学校党委深入学习贯彻习近平总书记关于教育工作的重要论述，坚持从政治高度认识深化新时代教育评价改革的重大意义，召开党委常委会会议，组织党委理论学习中心组集体学习研讨，加强组织领导，层层压实责任，将贯彻落实《深化新时代教育评价改革总体方案》作为一项战略性任务抓紧抓好。组织修订学校《高级专业技术职务岗位申报基本条件》《管理职员评聘办法》等制度文件。将教育评价改革工作落实情况纳入中央巡视整改任务清单、学校年度考核、全面从严治党考核、院级党组织书记抓基层党建述职评议考核范围，切实将教育评价改革各项举措落实落细。

（二）树立科学评价导向，推进落实立德树人根本任务

学校坚持科学评价导向，坚持立德树人第一标准，持续推进师德师风评价制度体系的建设，构建完善的学校思想政治工作体系，取得良好成效。

1. 把立德树人成效作为根本标准

加快构建贯通高水平人才培养全过程的思政工作体系，制定学校《关于加快

构建学校思想政治工作体系的实施方案》。完善“大思政”工作格局，建立思政改革试验区，扩大“三全育人”综合改革试点学院范围，培育34项“三全育人”品牌项目。2021年，机械与车辆学院薛庆教授获评教育部课程思政名师，其牵头打造的“工程伦理”课程入选教育部课程思政示范课程。健全落实意识形态工作责任制督察督办的工作机制，组织制定、修订相关制度文件10余项。出台学校《关于进一步加强领导干部深入基层联系学生的实施方案》，进一步细化领导干部参与做好学生思想政治教育工作的具体职责。推进“延河联盟”红色资源协同育人，举办“德育答辩”“百家大讲堂”等品牌活动，增强师生爱党爱国情怀。

2. 落实高校评价导向要求

坚持服务国家安全和国防科技重大战略需求，持续巩固学校国防优势，全面提升科技创新能力，推进新一轮“双一流”建设方案编制工作。深入落实本科教育教学评估导向要求，将课程思政、教授上课率等关键指标纳入学院绩效考核。推进实践育人工作，制定学校《关于加强新时代学生社会实践工作实施方案》，把社会实践作为创新人才培养模式、促进学生全面发展的突破口。编制“全口径”预算，优化经费使用绩效评价，加强资金统筹，加大对教育教学、基础研究的支持力度。

(三)改革教师评价，推进践行教书育人使命

在教师评价改革工作中，北京理工大学坚持把师德师风作为第一标准，营造尊师重教良好氛围，一方面，坚持以人才培养为中心，突出教育教学实绩；另一方面，改进教师科研评价，推进人才称号回归学术性、荣誉性。

1. 坚持把师德师风作为第一标准

制定学校《新进人员思想政治素质和师德师风考察实施细则》，严把教师准入政治关口。严格落实《新时代高校教师职业行为十项准则》，严肃查处师德师风问题并形成流程闭环。制定学校《关于开展师德专题教育的工作方案》，将师德师风评价融入教师发展各环节。制定学校《教职工思想政治素质和师德师风分类评价细则》，推动师德评价标准化、规范化。制定学校《“三全育人”先进集体、个人和标兵评选表彰办法》，完善教师荣誉体系。王越院士、毛二可院士分别获得学校第一、二届“懋恂终身成就奖”，激励广大教师做出突出贡献、取得卓越成就，学校尊师重教氛围日益浓厚。

2. 突出教育教学实绩

修订教师岗位聘用和职称晋升评聘的相关条件，增加教师指导学生学习实践、参与教改教研任务等要求。突出课堂育人实效，对于教学成效突出、课堂教学优异的教师，支持破格晋升。强化实验实践育人，率先设立实验系列正高级实验师岗位。修订人才培养方案，将课下研讨实践学时计入课程总学时。出台学校《教材管理办法》，落实“特立教材”系列计划。2020年以来，6部教材获评首届全国优秀教材奖，39门课程获评国家级一流本科课程，44部教材获评工业和信息化部“十四五”规划教材。

3. 强化一线学生工作

坚持以学生为中心，在入学教育、毕业典礼等重要时间节点，书记、校长带头开展“开学第一课”“延石叙话”等活动，加强与学生的深入交流，勉励学生心怀国之大者，奋楫争先、勇立潮头。修订学校《中层领导人员管理规定》，将学生工作经历作为选拔中层领导人员的重要依据。将领导干部深入基层联系学生的落实情况纳入领导干部民主生活会对照检查内容、校院两级党组织抓党建述职评议考核内容。聘请学术、学育、通识、校外、德育、朋辈六类导师，引导学生立志立德。

4. 改进教师科研评价

修订学校《高级专业技术职务岗位申报基本条件》，坚持“分类发展、分类卓越”理念，突出贡献导向，实行代表性成果评价，加大对科技成果转化的政策激励。对于服务国家安全和国防科技重大战略需求、解决“卡脖子”关键技术难题的教师给予政策支持，不设限制性条款。制定团队评价标准，启动建设首批6个创新研究中心和10个青年科学家工作室，突出团队成员的综合贡献评价。修订学校《博士后管理办法》等，完善多元评价和激励机制，充分激发人才干事创业活力。

5. 推进人才称号回归学术性、荣誉性

建立以创新质量和实际贡献为导向的综合评价体系，全面梳理并纠正学校人才评价工作中存在的问题，将教育教学成效、师德师风表现等作为人才评价的重要内容，对科研成果实行同行评议制度。制定学校《教职工薪酬分配制度改革实施方法》，全面建立以业绩、贡献为导向的薪酬分配体系，取消原薪酬制度文件中按人才称号确定待遇的相关条款，杜绝薪酬与人才称号直接挂钩的现象。

(四)改革用人评价，共同营造教育发展良好环境

在教师选聘制度建设中，北京理工大学坚持以品德和能力为用人导向，以岗位需求为目标，以岗位胜任能力为评价重点，促进人岗相适应。

1. 树立正确用人导向

建立以品德和能力为导向、以岗位需求为目标的人才使用机制，修订学校

《教学研究型教师招聘实施办法》《全员合同聘用制 B 系列人员聘用管理办法》等文件，科学设置招聘条件，破除“唯名校”“唯学历”等倾向。学校将思想政治素质作为教师聘用的首要条件，综合考察人才能力水平、发展潜力等，从海内外引进教职工 780 余人，汇聚在站博士后 650 余人，形成不拘一格降人才的良好局面。

2. 促进人岗相适

以岗位胜任能力为评价重点，坚持定量与定性相结合，落实岗位目标责任制。严格实施以岗定薪，建立重实绩、重贡献的激励机制。2019 年以来，学校坚持因事设岗、因岗定责、因责选人，共有 450 余人实现岗位等级升级聘用，440 余人晋升专业技术职务，70 余人实现长聘岗位升级聘用。扩大二级单位用人自主权，将岗位业绩成效、重点工作完成情况等作为年终绩效主要考核点，充分激发全体教职工干事创业的积极性、主动性。

在校党委的领导下，学校系统推进教育评价改革工作，在人才培养、学科建设、师资队伍建设、科技创新等方面不断取得新突破，学校整体办学水平、社会贡献度显著提升，形成良好发展态势。

七、哈尔滨工程大学

在坚持党的全面领导，围绕立德树人、教师评价、用人评价三方面，哈尔滨工程大学进行了系统的工作部署，持续深化教师评价改革。

(一)加强党的全面领导，推进落实立德树人根本任务

学校坚持党的领导，把立德树人作为根本标准，持续强化理想信念教育和党性教育，专题研究教师队伍建设工作，建立健全党委统一领导、党政分工合作、协调运行的工作机制。

1. 坚持以习近平新时代中国特色社会主义思想为指导，强化理想信念教育和党性教育

学校党委坚决落实不忘初心、牢记使命，把学习传达、落实习近平总书记重要讲话精神作为党委全委会、常委会和校长办公会首要议题，基层党组织领导班子带头学。学校党委每年至少专题研究 1 次本科教育教学工作，解决本科教育中的突出矛盾和重大问题。学校党委每年至少专题研究 1 次研究生教育教学工作，解决研究生教育中的突出矛盾和重大问题。学校党委每年至少专题研究 1 次教师队伍建设工作，解决教师队伍建设中的突出矛盾和重大问题。

2. 坚持把立德树人成效作为根本标准，完善党委领导下的校长负责制

通过建立健全党委统一领导、党政分工合作、协调运行的工作机制，推进实

现“四个回归”，把立德树人内化到大学建设和管理各领域、各方面、各环节。在校级领导班子及成员年度述职中，坚持把上思政课、联系学生情况作为重要内容，接受上级及师生监督评议。

(二)改革教师评价，推进践行教书育人使命

学校坚持完善教师评价制度体系，坚持完善师德师风评价体系，实施教师荣誉制度；突出教育教学实绩，重视育人效果评价结果；重点评价学术贡献、社会贡献以及支撑人才培养情况；在教师选聘中不针对海外学习经历设置门槛。

1. 坚持把师德师风作为第一标准

坚决克服重科研轻教学、重教书轻育人等现象。加大科研诚信教育，引导教师坚持学术诚信，恪守学术规范，对学术不端行为“零容忍”。推进落实《哈尔滨工程大学师德负面清单和失范行为处理办法(试行)》和《关于进一步加强和改进新形势下教师思想政治工作实施方案》，持续深化师德师风综合整治，建立师德失范曝光平台和定期通报制度，持续加大将师德师风评价工作落实到职称晋升、岗位评聘、评奖评优、干部选用、申报人才计划、申报科研项目等方面的力度，并实施一票否决制，营造风清气正良好氛围。

2. 健全教师荣誉制度，发挥典型示范引领作用

出台《哈尔滨工程大学教职工荣誉体系实施办法》，构建四层、三类、七项的荣誉体系，进一步激发教职工荣誉感。针对在立德树人方面取得突出成就、做出重要贡献、师德高尚的教职工，加强宣传，充分发挥榜样示范引领作用，推动全校形成崇尚模范、争做先锋的良好氛围。

3. 突出教育教学实绩，把认真履行教育教学职责作为评价教师的基本要求

将育人效果评价结果作为教师职称评聘的前置条件。教学效果评价结果为“良好”及以上的教师，方具有申请教学为主型、教学科研型教授以及教学为主型副教授岗位资格。强化校院两级督导工作机制，确保对教师授课效果评价全覆盖。

4. 不将国(境)外学习经历作为教师聘用和职称评聘的限制性条件

在新进教师选聘中不针对海外学习经历设置门槛，仅将其视为教师综合能力的一部分。修订《哈尔滨工程大学高级专业技术职务聘用基本条件》，不将国(境)外学习经历作为教师聘用和职称评聘的限制性条件。鼓励教师与国外高水平大学、研究单位建立稳定的联系，开展学术交流与合作，开阔教师的学术视野。

5. 突出质量导向，重点评价学术贡献、社会贡献以及支撑人才培养情况

不将论文数、项目数、课题经费等科研量化指标与绩效工资分配、奖励挂钩。进一步落实院系办学主体地位，充分赋予院系办学自主权，将考核、评价、激励等事权释放至院系，激发院系自主谋划能力，实行校院两级奖励，重大标志性成果以学校奖励为主，一般标志性成果以院系奖励为主。

(三)改革用人评价，共同营造教育发展良好环境

在用人评价改革中，哈尔滨工程大学积极推进人才称号回归学术性、荣誉性，出台教学科研型、教学为主型、科研为主型、实验技术型、思政教师五种类型的人才分类评价体系，并进一步细化探索国防科技等特殊领域教师科研专门评价办法。

1. 推进人才称号回归学术性、荣誉性

在承担科研项目、职称评聘、评优评奖、学位点申报等工作中，不将人才称号作为限制性条件，在有关申报书中不设置填写人才称号的栏目。不将人才称号与职称评聘直接挂钩。

2. 根据不同学科、不同岗位特点，完善分类评价

推行代表性成果评价，探索长周期评价，完善同行专家评议机制，注重个人评价与团队评价相结合。出台教学科研型、教学为主型、科研为主型、实验技术型、思政教师五种类型职称晋升指导意见，各院系据此自行出台适合本学院特点和发展阶段的职称晋升办法，构建了适合各类教师职业生涯发展通道，实现了分类评价、分类晋升。部分学院已进行实质性团队评价考核。

3. 探索国防科技等特殊领域教师科研专门评价办法

对取得重大理论创新成果、前沿技术突破、解决重大工程技术难题、在经济社会事业发展中做出重大贡献的，申报高级职称时论文可不作限制性要求。实行教师专业技术职务聘用“特别通道”制度，出台“特别通道”评聘十条原则，鼓励教师充分发挥自身特点优势，引导服务支撑国家、国防重大需求。

八、南京航空航天大学

在教师评价改革方面，南京航空航天大学积极探索、主动作为，努力践行服务于高水平科技自立自强的教育评价机制建设，凝练出教师评价改革的三大典型经验，并规划了未来的改革路向。

构建“导向性、个性化、自主式”的学生教育及评价体系。学校在人才培养方面围绕“培养什么人、怎么培养人、为谁培养人”这一教育根本问题，构建了以德为先、全面发展，突出“导向性”；面向人人、因材施教，彰显“个性化”；以服促教、强化内驱，体现“自主式”的学生教育及评价体系，推动了对学生政治品质、

道德修养和素质能力的全面培养，取得了较好的育人成果。

聚焦特殊人才评价机制改革，激发国防领域教师创造活力。学校围绕国防科技前沿和关键领域人才培养所需的核心指导能力，在对政治素质、师德师风进行严格把关的基础上，针对国防领域教师形成了一套以成果质量和贡献为导向的差异化考核评价机制。进一步破除"五唯"痼疾，通过制订导向性标准，重点突出国防特色类项目、研究成果等的质量、贡献和影响，考察对于行业发展的攻关作用和贡献度，以及对于国防事业发展的支撑作用，对申报成果不设立门槛条件，逐步形成"有效指标，竞争择优"的人才评价体系。

积极探索，主动作为，努力践行服务于高水平科技自立自强的教育评价机制建设。多年来，学校致力于国防武器装备型号工程攻关和人才梯队建设工作，通过破格用人、注重贡献评价、评价制度化、推广评价应用等改革机制探索，激发团结协作合力，增强科技攻关动力。不仅取得了一些国家急需的高水平科技成果，而且形成了一些涉及评价、考核、职称评定的制度，对学校团队建设、人才培养和平台建设等方面的评价、考核做了有益尝试，积累了宝贵经验。

九、南京理工大学

南京理工大学统筹推进高校教师评价改革，提出了教师评价的"加减乘除"运算法改革模式。一是积极落实教师职称评审改革，做好职称分类晋升的"加法"；二是推进过程评价改革，做好业绩评价指标的"减法"；三是推进津贴分配改革，做好绩效激励赋能的"乘法"；四是推进聘期考核改革，做好人才流转模式的"除法"。

(一)深化新时代教师评价改革，助力更多教师尽展其才

学校重点选择师资队伍作为关键突破口，聚焦职称评审、过程评价、津贴分配、聘期考核四大改革，通过探索做好教师评价的"加减乘除"运算法，为广大教师营造尽展其才的良好环境，取得了明显成效。

一是推进职称评审改革，做好职称分类晋升的"加法"，给更多教师提供成才机会。职称晋升向来是教师群体关注的焦点。2016 年起，学校结合发展实际，积极探索，实施了基于职称评聘的教师分类评价改革，以畅通职称晋升通道的"加法"，为教师多提供"一把评价尺子"、多创造"一条成长道路"。

学校将教师专业技术职务晋升体系由教学科研型和科学研究型两种类型扩展为教学科研型、教学为主型、科研为主型和实验教师型四种类型。同时，结合学校国防学科特色，将科研为主型细分为科学研究类、重大(工程)项目类、科技成果转化类三类，将教学为主型细分为课堂教学类和素质教育类两类，构建了"四

型七类”职称晋升体系。此外，学校实行个人评价与团队评价相结合的方式，对于取得国家级成果的团队，设立“直聘制度”，赋予团队 1 个职称晋升的独立指标；对于破格晋升人员，建立“推荐人制度”，由提名专家共同参加答辩，形成了学术带头人和青年人才的传帮带机制。

学校破除了传统评价中论文、项目、专利等单一化要求，采取多元化评价标准，丰富了职称晋升通道，使各类教师都能潜心工作、施展才华。改革以来，许多教师通过新增系列晋升高级专业技术职务，并迅速成长为团队核心和学科骨干，进一步激发了学院、团队和教师的活力。

二是推进过程评价改革，做好业绩评价指标的“减法”，让更多教师产出高端成果。为突出教师的工作质量与业绩价值，树立合理的评价导向，鼓励产出标志性高层次成果，2020 年学校修订了《高层次成果奖励办法》，以扭转过去只注重结果考核的做法，通过减少一般化、常规性评价，达到削枝强干、聚焦核心要素的目标，从而引导更多教师从事有组织的教学科研活动。

奖励办法综合考虑人才培养、科学研究、人才队伍建设和平台基地建设等方面，进一步强化过程评价，采取分阶段奖励措施，针对不同阶段成果给予相应奖励。不简单以结果论英雄的举措，更好地激励了教师和团队围绕核心办学指标开展各项教学科研工作，追求更高目标，产出更多重大成果，更好地支撑学校“双一流”建设。

奖励办法赋予项目团队和学院奖励分配自主权，加大了过程激励力度。自实施以来，教师积极性明显提高，各类高层次成果申报数量较原先大幅提升，先后有 70 多人次获得了阶段性奖励，学校整体形成了积极向上、争先进位的良好氛围。

三是推进津贴分配改革，做好绩效激励赋能的“乘法”，激发教师生机活力。为破除传统的论资历、看职称、计工分等收入分配方式，更加突出教师的岗位职责和实际贡献，学校自 2016 年起实施了以岗位聘任为基础的绩效津贴分配制度改革，赋予各二级学院更大办学自主权，对教师分类设岗、自主聘任，以绩效激励的“乘法”实现教师产出动力与活力的倍增效应。

岗位聘任将师德师风作为第一标准，将教育教学职责作为基本要求，各学院按照教学为主、科研为主和教学科研三个大类自行设置岗位等级、岗位职责、聘任条件和聘岗津贴。教师根据自身所长和发展预期进行聘岗，实现岗位“能上能下”，收入“能者多得”。

通过改革，打破了原先职称对于岗位的限制，进一步促进人岗相适，资历浅、职称低的青年教师也可以聘任高级别的岗位，充分激发了教师工作的积极性和主动性，让每位教师都能够在更加适合自己的岗位上发挥更大作用、产出更多成果。自实施以来，学校关键业绩指标（KPI）明显提高，教师队伍内生动力不断迸发。

四是推进聘期考核改革，做好人才流转模式的“除法”，为更多教师增加职业保障。为严把人才引进质量、激发新进教师活力，从2013年起学校对新进校讲师实行6年聘期考核政策。针对政策执行中出现的新情况新问题，学校积极探索更加科学化的人才流转模式，以解决青年教师后顾之忧的“除法”，为更多教师找寻职业发展的“最大公约数”，增加更多让人安心、暖心的职业保障。

考虑到青年教师在工作生活中存在的实际困难，以及对新环境新岗位不适应等诸多因素，学校经过充分调研，于2021年3月出台了关于聘期考核相关执行细则。针对首聘期考核为“合格”且6年内达到副高职称申报条件、有效申报但未晋升的新进校讲师，在有空余岗位且接收单位同意的情况下，可申请转入学生辅导员、实验室一般专技岗或与教学科研、学科建设密切相关的管理岗。

学校创新校内人才流转模式，是一种解放思想的全新方式，取得了较好效果。该举措既展现了学校的人文关怀，保障了教师队伍稳定，同时又以多元化、高素质的人才充实了管理队伍。

（二）抓好立德树人根本任务，统筹推进综合评价改革

学校综合评价改革紧抓立德树人根本任务，发挥党组织战斗堡垒作用；发挥制度引领作用，“破立并举”制定修订现行制度；在做好制度梳理的同时，注重思考、解决绩效、预算等隐形问题，全面加强组织实施推进改革工作。

一是抓好立德树人根本任务，培育又红又专杰出人才。制定《党组织书记责任清单》，把落实立德树人根本任务作为学院党委、基层党支部的重要内容制度化、常态化，形成上下贯通、执行有力的组织体系；制定《加快构建思想政治工作体系的实施方案》《关于加强和促进新时代思想政治工作队伍融合发展的意见》，将思想政治工作融入教育教学全过程，努力培养担当民族复兴大任的时代新人；编制《南京理工大学“十四五”规划》，始终突出立德树人导向、突出铸魂育人为先、突出思想政治教育，力求培养学生成长为德才兼备、具有强烈家国情怀的杰出人才。

二是发挥制度引领作用，激发干事创业工作活力。学校重视完善党委领导体制机制，制定《中共南京理工大学委员会工作规则》，修订《南京理工大学工作规则》；完善各类考核内容，制定、修订《机关及直属单位年度考核办法》《教学科研机构考核办法》《处级领导干部年度考核办法》《教职工年度考核办法》等各类考核制度，提升考核工作的科学性、针对性和可操作性，激发干事创业工作活力；立行立改，制定《预算绩效管理办法》，进一步强化绩效意识，提高预算资金使用效益，评价结果将作为学校改进预算管理和安排以后年度预算资金的重要依据。

三是全面加强组织实施，标本兼治推进改革工作。学校高度重视教育评价改革工作，根据教育部要求，成立领导小组，制定工作方案，推进综合、教师和学生评价三类改革，积极召开宣讲培训暨工作布置会，全面开展宣讲培训、制度清查、制定清单工作，以系统工程的思维，以共建共治的方式，以统筹兼顾的角度，在综合评价、教师评价、学生评价等方面做出有益探索；学校坚持破立结合、有破有立，寻找教育评价改革突破口，形成南理工特色，在开展制定修订规章制度等显性工作的同时，注重思考、解决绩效、预算等隐形问题，标本兼治，切实激发多元实施主体的内部能动性，焕发师生奋斗活力，处理好“怎样落实好教育评价改革”的问题，保证学生成长成才质量、教师教学科研质量，提升学校教育治理能力和水平。

十、哈尔滨工业大学

在破“五唯”高校教师评价改革的背景下，哈尔滨工业大学聚焦师德师风评价、教学评价、科研评价三方面，采取了诸多行之有效的举措，取得了良好的改革成效。

(一)强化教师师德师风评价

为营造尊师重教的良好氛围，坚持立德树人根本任务，哈尔滨工业大学极为重视师德师风评价，一方面健全教师荣誉制度，发挥典型示范引领作用，另一方面集中开展师德师风警示教育，做到警钟长鸣。

1. 坚持把师德师风作为教师评价的第一标准

在入职选聘、晋职晋级、评奖评优等环节严格执行“师德师风必查”和教师所在基层党支部和基层党委意见“必看”。面向全校教职工开展师德专题教育，强化以党史学习教育为重点的“四史”学习教育，引导广大教师坚定理想信念、厚植爱国情怀、涵养高尚师德。对新入职教职工和新晋研究生导师集中开展师德师风警示教育。将近年来违反《高校教师职业行为十项准则》的典型案例整理发布，各党委组织本单位全体教职工集中开展专题警示教育，引导每一位教职工以案为鉴，做到警钟长鸣。

2. 健全教师荣誉制度，发挥典型示范引领作用

为建设高素质“四有”好教师队伍，学校整合原教学带头人、教学名师奖及教学优秀奖等奖项，制定了《哈尔滨工业大学教学贡献奖励实施办法》，设立了专业

贡献奖、教学名师奖、教学突出奖、教学优秀奖、实验教学突出奖等。

3. 重视青年教师学生工作经历

为进一步贯彻落实全国高校思想政治工作会议精神，强化人才培养中心地位，完善专业技术职务聘任制度，学校于2017年印发《关于专业技术职务聘任工作的补充规定》。在2020年底专业技术职务聘任工作中，已明确要求"45岁以下(含45岁)青年教师晋升高一级专业技术职务(职称)，自任现职以来须有至少一年担任辅导员或班主任的工作经历并考核合格"。

(二)教师评价要突出教育教学实绩

为引导广大教师安心教学、潜心育人，践行教书育人根本使命，学校把认真履行教育教学职责作为评价教师的基本要求，落实教授上课制度，完善教师教学质与量的综合评价体系，积极引导教师进行教育教学研究。

1. 思想政治表现，教育教学职责

在各批次青年拔尖人才及教师准聘岗位选聘工作中，将"师德为先、教学为要、科研为基、发展为本"作为基本要求，坚持德才兼备，突出品德、能力、业绩导向。在专业技术职务聘任工作中，要求各基层党组织对申报人的思想政治表现和师德师风情况进行把关，并提出推荐意见；根据《落实意识形态工作责任制实施细则》相关规定，结合基层党组织推荐意见，由党委教师工作部对所有申报人思想政治和师德师风情况进行复查。

根据《本科课堂教学准入、认证及退出管理条例》，将通过本科课堂教学准入作为校内教师晋升为副教授的必备条件，将取得本科课堂教学认证资格作为校内教师晋升为教授的必备条件。从校外引进的教师，须在聘任后首聘期内达到学校教学准入和认证的相关要求。

2. 规范教师聘用和职称评聘条件设置

不再将国(境)外学习经历作为教师聘用和职称评聘的限制性条件。2021年初，人事处系统梳理并修订了专业技术职务聘任等相关文件，并制定《哈尔滨工业大学关于专业技术职务聘任等相关文件的补充规定》，明确规定"论文、科研项目、项目经费、出国留学等不再做具体限制性要求"。

3. 完善教师教学质与量综合评价

学校先后出台《哈尔滨工业大学本科教学工作量核算办法指导意见》《哈尔滨工业大学关于教师学时数的规定》等文件，为学院(部)制定教学质与量综合评价制度提供参考依据。

4. 落实教授上课制度

学校严格执行《哈尔滨工业大学关于教师教学时数规定》《哈尔滨工业大学关于高水平教师承担本科生课堂教学任务的规定》等文件，要求教师完成岗位职责要求的教学工作任务，并承担规定的教学时数。聘期考核强调“突出教育教学业绩考核，严格考核教育教学工作量”。

5. 完善国家教学成果奖培育和评选制度

以项目为牵引，积极引导教师进行教育教学研究，实施人才培养供给侧改革。通过各级教学项目、专题项目研究与实践，推进专业结构优化，深化课程改革，加强教材建设，不断提升一流本科教学基本建设水平。组织召开教育工作会议，开展各类教学研讨与交流，总结经验、查摆问题、理清思路、凝练规律、深化改革；加强教学成果的培育和评选，组织专题培训，下发《哈尔滨工业大学关于开展教学成果奖申报准备工作的通知》，开展教学成果奖申报准备工作，梳理思路、凝练成果、查找不足，为后期成果申报材料查缺补漏提供充足时间，提高申报工作的针对性，培育高水平教学成果。

(三)改进教师科研评价

为激励教师进行高质量科研活动，学校积极完善多元化的人才分类评价体系，细化国防科技等特殊领域教师科研专门评价办法，推进核岗定编和分类聘任工作。同时，学校积极建设教师发展中心，实行人才专员制度，以便个性化助推教师专业成长与发展。

1. 推进核岗定编和分类聘任工作

实行青年拔尖和教师准聘岗选聘、教学拔尖、重大项目突出贡献、教学科研系列(分教学为主型、教学科研并重型、科研为主型三类分别评价)、专职科研岗、思政系列、实验工程系列、辅导员系列、图书等小系列等多元化人才评价，让人才各尽其用、各尽其才。学校将生命科学与技术学院作为深化人事制度改革试点单位，坚持以立德树人为根本，借鉴本学科国内外一流学科建设经验，根据学生人数、教学时数和学科发展规划完成“十四五”期间教师岗位编制核定，实施终身教职制度和课题组组长负责制，深入推进教师岗位分类聘任、分类评价，坚持把师德师风作为第一标准，把完成规定课堂教学时数作为评价教学科研并重型、教学为主型教师的基本要求，落实青年教师一线学生工作经历要求，推行代表性成果评价、同行评议和长周期考核制度，激发各类教师干事创业的积极性和主动性。

2. 完善人才分类评价体系

贯彻落实《关于深化高等学校教师职称制度改革的指导意见》《关于加强新时代高校教师队伍建设改革的指导意见》等文件精神，根据不同学科、不同岗位特点，优化完善各类人才的分类评价、同行专家评议等多元化评价体系。

3. 探索国防科技等特殊领域教师科研专门评价办法

以立德树人成效、学术创新能力、服务国家战略贡献为导向，从多元化人才评价的角度出发，出台《哈尔滨工业大学科研突出贡献人才专业技术职务评审办法》。对承担国家、国防重大科技计划团队中做出突出贡献的成员，在申报正副高级专业技术职务方面单独组织评审，没有论文限制性要求。此外，学校在科技评价、人才评聘与考核过程中，兼顾个人成就、团队贡献，将国防科技等特殊领域的科研奖项、高质量科研成果、承担标志性科研任务等体现科学研究质量的指标纳入学校长聘准聘指标体系。

4. 加强重大原创成果产出激励

学校实施“哈工大 0－1 原创探索计划”，加强重大原创成果产出激励，支持一批瞄准世界科技前沿热点、难点和新兴领域的研究。以面向自由探索、独辟蹊径的基础研究作为 A 类资助项目，侧重培育提出新理论、新方法和揭示新规律等基础研究，培育从无到有的原创性成果，引领或拓展科学前沿。

加强顶层设计，建立充分赋权的科研特区，鼓励青年教师勇担重任。学校成立战略专家咨询委员会，由校内具有影响力的学者担当领域牵头人并灵活聘请国内外知名专家学者，做好顶层规划、高端人才培养、重大科技成果培育和产出等工作。

5. 个性化助推教师发展

教师发展中心定位于弘扬哈工大“八百壮士”精神与优良传统，为教师职业发展、成长成才提供服务和支持，使教师更快更好地融入学校。根据学院学科分类，建立人才专员与院系对应的工作机制，坚持问题导向，开展组织协调，运用现有资源做好高层次人才的个性化服务工作。

为引进学校、学科发展急需紧缺人才和特别优秀人才，塑造人才服务哈工大品牌，学校通过人才引进快响机制，持续精准高效引才。

十一、中国科学技术大学

校党委把教师思想政治和师德师风建设放在首位，把教师作为教育发展的第一资源，坚持引育并重，打造高素质人才队伍，努力培养“经师”和“人师”相统一的大先生。

(一)加强师德师风建设，坚持教育者先受教育

贯彻落实《中共教育部党组关于完善高校教师思想政治和师德师风建设工作体制机制的指导意见》，制定《关于完善教师思想政治和师德师风建设工作体制机制的实施方案》，加强和改进教师思想政治工作，把建设政治素质过硬、业务能力精湛、育人水平高超的高素质教师队伍作为基础性工作，积极引导教师心怀爱国之心、砥砺报国之志。建立健全校党委、院(系)党组织、教师党支部三级联动的教师工作机制，强化基层党组织在教师思想政治和师德师风建设工作中的作用。开展师德失范行为专题警示教育，对师德失范行为严格执行一票否决。

(二)注重典型示范引领，打造“四有”好老师

常态化开展师德培育涵养，举办“黄大年式教师团队”专题报告会、年度教职工表彰大会，开展教书育人楷模、最美科技工作者等优秀模范选树等活动，发挥身边人身边事的典型带动作用。举办青年骨干教师研修班、教职工岗前培训、管理岗培训等“众行课堂”系列活动，突出弘扬科学家精神等教育培训内容，强化思想政治教育，树立良好作风学风。举办“众言沙龙”系列活动，面向教师、管理、支撑三支队伍，解答青年教师职业发展的困惑和难题，推进跨院系、跨部门交流合作，助力青年教师全面成长。组织开展“引才十年”系列活动，通过召开人才座谈会、开展人才系列专访、拍摄引才宣传片等进一步提升教师职业荣誉感、获得感。

(三)用好评价改革指挥棒，促进人才队伍高质量发展

深化人事制度改革，坚决破“五唯”，健全符合岗位特色的分类评价机制，做到人尽其才、才尽其用。根据不同岗位性质和特点，完善以岗位分类评价为核心的绩效考核与收入分配机制，推动教师、管理、支撑三支队伍健康发展。加强学术荣誉体系教师队伍建设，评选杰出讲席教授、讲席教授，推动人才称号回归学术性、荣誉性。开展以科技成果的科学、技术、经济、社会、文化“五元”价值评价试点工作，推动科研人员产出高质量成果，营造良好创新生态。

第三节　师范类高校

师范类高校普遍具有哲学社会科学学科门类齐全的特征，是实施教师教育，不断提升教师专业素质能力和思想政治水平的重要教学场所。师范类高校的建设水平，关系到我国师资队伍质量的水平，关系到整个民族素质的提高。本书以陕西师范大学和东北师范大学为案例，系统总结师范类高校的教师评价改革经验，以为其他师范类院校教师评价改革提供经验。

一、陕西师范大学

学校坚持以党管人才为统揽组织开展职称评审工作，充分发挥党组织的领导核心作用，校党委书记，校长，分管人事、教学、科研、研究生工作的校领导以及相关职能部门负责人组成专业技术职务评聘工作领导小组。

(一)以党管人才为统揽，突出师德师风第一标准

在师德师风评价方面，学校先后出台《关于全面深化新时代教师队伍建设改革的实施办法》《师德建设长效机制实施办法》《教师职业道德考核办法(修订)》《教师师德失范行为处理办法(试行)》等文件，明确了教师职业道德规范，完善了教师职业道德考核评估体系。在职称评审中将教师师德考核作为职称评审的前置条件，由党委教师工作部牵头各二级党委(党总支)主要负责，充分运用年度师德师风考核结果和师德档案，采取分级分类的方式对参评人员进行师德师风鉴定，严格实行师德考核不合格一票否决。

(二)以教学工作为根本，推动教师潜心教书育人

在教师教学评价方面，陕西师范大学突出教育教学实绩，采取了诸多重要措施以科学衡量教学业绩成果，积极完善课堂教学质量考核机制。

1. 科学衡量教学业绩成果

学校在制定各级各类教师职务任职条件时，将教学要求与科研要求同等对待，对教学工作量、教学质量评估、指导学生能力、教学成果(获奖)、学生实习实践指导等方面做了详细要求，例如教师拟晋升高级职务任职资格，须系统讲授2门及以上课程，完成一定课时的教学工作量，且课堂教学质量评估必须为良好及以上，承担过本科生教育实习或专业实习的带队指导任务等。针对以上要求，结合教师岗位类型做了区分，体现不同岗位教师的教学特点和要求。例如教学科研型拟晋升高级职务任职资格者，年均完成教学工作量在180学时以上(其中本科生课堂教学工作量不少于120学时)；教学为主型拟晋升高级职务任职资格者，年均教学工作量不少于320学时(其中本科生课堂教学工作量不少于210学时)，对于教学为主型教师教学质量评估要求为优秀，且至少获得过1次校级教学质量优秀奖。

2. 完善课堂教学质量考核机制

学校出台《陕西师范大学教师专业技术职务任职资格评审本科课堂教学质量评价细则(修订)》，采取教学督导或相关专家随机深入课堂听课，专家评价、同行评价、学生评教三方评价相结合的方式，三部分权重比由4∶3∶3优化为5∶3∶2，

提高课堂教学质量考核科学性，破解教学质量考核难点。出台《陕西师范大学本科教学事故认定及处理暂行规定(修订)》，实行教学考核不合格一票否决。将本科课堂教学质量考核置于职称评审资格审核之前，对课堂教学质量考核不合格或出现教学事故的教师，取消当年参加职称评审资格。

(三)以教育评价改革为契机，推进"特色"职称评审工作

立足学校办学定位和发展特色，陕西师范大学积极推进"特色"职称评审工作，强化同行专家评价，优化分类评价体系，细化学科自主评价，取得诸多重要成果。

1. 强化同行专家评价，突出水平

坚持实行代表性成果评价，强化成果质量要求，淡化数量要求，引导人才深耕专业。从 2012 年开始，学校在学科发展突出的单位探索建立同行专家评价机制，已形成较为完善的评审制度。一是建立水平高、来源广、学科全的专家库，并且根据当年教师参加职称评审情况不断补充完善。二是增加申报人员同行专家评议的代表性成果送审类型。每位申报人员送审 3 项任现职以来符合学校要求的代表性成果，包括但不限于项目报告、技术报告、学术会议报告、教学成果、著作、论文、标准规范、创作作品等，代表性成果由评聘办分送来自不同单位的 9 名正高级专家进行学术评议。三是科学使用评价结果。将同行专家评议结果量化为积分(同行专家评议结果分为"完全达到""基本达到"和"尚未达到"，所赋分值分别为 3 分、1 分和 0 分)，对评价特别优秀且达到一定积分(21 分及以上)者，直接提交学校教师职务评审委员会审核确定，不再差额；对于未达标者，终止评审，不再提交学校教师职务评审委员会研究；对于连续两年送审不通过人员，当年无新增高质量代表性成果，暂停申报职称一年。

2. 优化分类评价体系，突出科学

一是在制定职称和岗位聘用文件时，将教师分为教学科研型、教学为主型、科研为主型、教学实践型和社会服务型等 5 种类型，按不同类型分别建立评价标准，并在不同类型教师之间建立了转换通道。二是在评价指标设定时，结合学科实际和业务侧重，合理设置和使用各类成果，使评价体系更加多元，鼓励教师在不同领域、不同岗位做出贡献、追求卓越。例如针对外语、体育、艺术等特殊学科，单独制定《外语、体育、艺术类教师职务任职条件》，弱化科研比重，增设指导学生参加各类比赛获奖、艺术展演等实践成果选项。三是在常规晋升、破格晋升、按临近退休参评晋升的基础上，学校积极探索实行更积极、更开放、更有效的特殊人才多元晋升渠道。2019 年出台《陕西师范大学教师高级岗位特别聘任暂

行办法》，每年开展 1 次校内高级岗位聘任，支持具有突出特殊成果的优秀人才脱颖而出，例如，音乐学院青年教师郝亮亮荣获中国音乐金钟奖，2020 年特聘为全校最年轻的教授。

3. 细化学科自主评价，突出精准

学校根据各二级单位教师队伍情况分批推进教师系列副高级职称评审工作重心下移，由二级单位自主评价、学校审定。在此基础上，学校又先后出台针对世界一流学科建设和第一层次建设学科单位等 8 个学院(占学院总数的 36%)队伍建设的改革方案，进一步将教师正高级职称评审工作重心下移，实现简政放权更到位、管理考核更科学、服务指导更细致。“放管服”改革后，学校主要职责转变为加强制度建设及监管服务，从政策、指标、标准和程序上规范评审工作，强化信息公开，健全完善监督检查机制，按不低于 20% 的比例进行抽查、复查，同时强化职能部门服务意识，深入二级单位解释、解答和解决职称评审中的相关问题，合力提升职称评审质量。

二、东北师范大学

聚焦学科发展和教师成长，东北师范大学持续深化教师评价改革，一是以绩效为目标，实行学科发展的全维度评价；二是立足教师发展需要，优化了推动教师成长的全周期评价。

(一)坚持绩效导向，优化学科发展全维度评价

围绕课题组组长负责制学科治理特色，学校试行了人才培养、科学研究、团队建设“三位一体”的学科综合评价，结合两轮试行，持续跟踪和改进了涵盖 4 大维度、25 个考察指标、100 个具体观测点的动态评价体系。比如，针对如何实现有限资源的效益最大化问题，加入“投入产出比”的学科评价指标，综合学科差异等因素，更加合理地考察了学科投入和产出的相对效率及资源的配置与使用效益，7 个投入产出比高的学院获得了追加建设经费的专项绩效奖励，有效引导各学科强化效益、办出特色。

(二)坚持发展导向，优化教师成长全周期评价

立足教师职业发展需要，以破“五唯”为导向，全面优化学校“仿吾计划”人才培育工程。一是推动人才培育全覆盖，遵循人才成长规律与科研发展规律，从青年学者到讲席教授，分年龄、分梯次、分阶段构筑人才培育体系。二是推动人才甄选科学化，在充分考虑各类人才的岗位职责、能力水平和工作业绩的基础上，经同行评议聘至相应岗位，确定薪酬待遇和学术资源，与人才帽子脱钩。三是推

动人才评价多元化，结合学科特点设定评价周期与评价方式，强化目标责任考核，打破“只进不出”的终身制。此外，学校还修订和新立评聘办法近 20 项，构建了涵盖 5 大类 16 个系列的教师发展评价体系。

第四节 农林类高校

农林类高校以农学、林学等学科专业为主，学科建设小而精，培育农林类专业人才，但也是我国高校中不容忽视的一类重要高校。本书选取中国农业大学、西北农林科技大学为样本高校，深入分析其教师评价改革工作。

一、中国农业大学

中国农业大学深入贯彻落实《深化新时代教育评价改革总体方案》精神，出台《中国农业大学科研成果与社会服务贡献奖励办法》，建立以成果质量和贡献为导向的校院两级分级分类激励体系，彻底摒弃单纯以成果数量和 SCI 论文相关指标评价的奖励方式，做到论文发表不唯国际顶尖学术期刊、不唯高影响因子、不唯英文发表，坚持对成果本身的原创性及对行业产业发展的实际贡献进行评价和奖励。

一是建立校级奖励制度。制定《中国农业大学校级代表性科研成果与重大社会服务贡献评选实施细则(试行)》，探索校级代表性科研成果与重大社会服务贡献的长周期评价和同行评价，完善代表性成果评价机制，推动重大成果产出。改革后，校级代表性科研成果奖励彻底摒弃数量评价和单纯的论文导向，委托第三方机构进行校外同行专家通讯评审，重点对成果的原创性、创新性、引领性、科学价值、学术水平、产业贡献、推动行业发展等进行多维度的分类评价，引导教师突出科技创新的原创性、突破性和贡献度。校级代表性重大社会服务贡献重点对每项社会服务贡献的公益效益、产业效益、生态效益、经济效益等进行多维度评价，表彰在重大科技成果转化、服务乡村振兴等国家重大战略中做出突出贡献的教职工。

二是提升二级单位分配自主权。印发《中国农业大学学院科技创新与社会服务绩效分配方案的指导意见》，引导各学院结合自身学科和专业特点，在绩效分配工作中突出科学精神、创新质量和服务贡献，进一步促进各学科多元化科研成果的产出，激励教师产出标志性科研成果和投身社会服务，切实破除科研评价中的“四唯”倾向。例如，资源与环境学院创新成果评价机制，全面清理科技评价活动中简单量化的做法，注重教师标志性科研成果产出，对原创性基础研究成果、攻克技术瓶颈、引领产业发展的关键核心技术等内容进行综合考察。鼓励各学院充分发挥自主权，通过探索建立符合本学科发展的科研成果产出业绩评价制度，进一步促进各学科多元化科研成果的产出，使得不同学科和行业中具有重要影响力的成果和贡献均有机会得以展示。

二、西北农林科技大学

西北农林科技大学以质量、过程和结果为主线，全面深化教师评价制度体系改革，坚持质量导向，既重视过程考核，也重视结果运用。

(一)突出工作质量，科学合理设置考核指标体系

考核办法分为两部分，即基本考核、奖励考核，其中基本考核激活教师深入一线干事的动力，推动科研团队的良性发展；奖励考核激励创造性劳动，鼓励专家“跳起来摘桃子”。基本考核部分以工作业绩和实际贡献为核心，将与社会服务有关的工作内容细化为产业服务、科学研究、人才培养、国内外交流、社会评价、校地共建、团队建设、内部管理、日常考核 9 个方面 40 项具体考核指标，用考核指挥棒引领社会服务高质量发展。奖励考核部分将在提升产业发展水平、学校科研能力、办学质量等方面有重大贡献的工作作为加分项进行奖励，从产业贡献、科研产出、成果转化、人才培养、社会影响、团队建设 6 个方面设立了 23 项具体指标。特别是将新成果推广面积、转化金额等首次列入指标，增加赋分权重，引导教师开展高质量社会服务工作。

(二)注重过程考核，强服务促管理保障工作开展

考核工作由学校科技推广处和依托学院共同组织，包括日常考核、农时季节考核和年终绩效考核三种方式。其中，日常考核由学院负责组织；农时季节考核由科技推广处会同主管学院、地方政府，并邀请相关专家组成考核小组，进行现场实地考核；年终绩效考核由科技推广处会同相关部门组成考核组，对照年度计划任务，依据考核评分标准进行综合考核。为持续提升社会服务质量，学校聘请了 10 位退休专家成立科技推广工作督导专家组，到试验示范站一线进行督导，对专家驻站、科学研究、示范推广、人才培养等事项进行现场检查，对存在的普遍问题开展专题调研，对个别问题进行一对一指导。

(三)强化结果应用，抓日常抓长远提升工作绩效

一是考核结果与试验示范站(基地)经费划拨相关联。对考核排名前 30%的试验示范站，除表彰外，在下一年度经费划拨中予以倾斜。二是考核结果与评优工作相关联。对优秀试验示范站(基地)推荐的先进个人，直接确定为推广工作先

进个人，并优先推荐至上级部门。同时，对工作成效差的试验示范站(基地)进行约谈，连续两年排名均在后10%的，予以调整或淘汰。注重总结各试验示范站(基地)的好做法、好经验，进行宣传和推广，不断提升学校科技推广工作的能力与水平。

第五节 民族类高校

民族类高校以中南民族大学为样本高校，总结归纳其教师评价改革的典型经验，以期为民族类高校提供示范引领。

中南民族大学以课堂教学评价为核心改革抓手，围绕课堂教学评价，完善了干部听课制、学生评教制、教学督导制等多元评价机制，引导各方积极关注课堂教学质量，引导广大教师安心教学、潜心育人，践行教书育人根本使命。

一、落实干部听课制度，引导各级领导关注力聚焦课堂

加强顶层设计。学校建立了领导干部随堂听课制度，2018年发布《关于进一步加强全校领导干部巡查听课活动的通知》，明确目标要求，每周安排校领导、职能部门与教辅单位领导、学院领导巡查听课，重点突出核心课程以及青年教师、外聘教师的课堂，覆盖教学全周期，引导各级领导将精力投入教学工作。效果提升明显。最新1个学年，学院领导听课923次，校领导、职能部门与教辅单位领导听课354次，对比前一学年，分别增长8.6%和28.73%。同时，听课工作实现了领导干部、教学周、教学单位"三个全覆盖"，即全校领导干部均深入课堂巡查听课，覆盖16个教学周，覆盖21个教学单位，课堂教学秩序、课堂教学质量、教风学风得到明显改善，"重视教学、关心教学"的氛围更为浓厚。

二、完善学生评教制度，引导学生注意力聚焦课堂

优化制度设计。为改进结果评价，强化过程评价，提高学生评教的科学性和客观性，学校坚持问题导向，广泛征求一线师生、学校领导、相关部门意见建议，出台《中南民族大学课堂教学质量评价办法(试行)》。

突出评价过程。一是评价方式上，把直接评分改为评定等级，解决了之前学生对评价标准把握不一导致的不科学评价问题。二是更新评价指标，把师德师风作为第一标准，并根据学生能力与特点进行设计，便于学生对不同类型课堂实施评价。三是设置课堂评优比例的上限，消除学生评价整体虚高的现象。四是对评

价结果的计算排序、分析应用，以及申诉复议程序等做了明确规定。学生评教更加科学，在提高教师教学水平、增进学生学习效果等方面作用明显。

三、改革教学督导制度，引导教学督导执行力聚焦课堂

成立新督导组。为健全课堂教学评价机制，2019 年 9 月，学校在原有工作机制基础上，按照“扩大规模、优化结构、拓展职能”的思路，成立了新的教学督导组，共 45 人，由原校级教学督导、学校教学标兵与教学先进个人、教学型教授副教授、学院二级督导以及部分教学与管理经验丰富的优秀教师构成，能力、活力、动力全面提升。

强化核心职能。通过扩展听课覆盖面，强化教学督与导的作用，课堂教学质量不断提高。2019 年开始，校督导对学院所有授课教师实施全覆盖听课，初步形成全面的课堂教学督导体系，有力支撑人才培养质量保障体系建设。

四、推进多元评价方式，引导各方凝聚力聚焦课堂

强化信息技术应用。充分促进现代信息技术在课堂教学评价中的应用，2019 年 9 月正式上线督导领导同行听课系统，实现从选课、听课、记载到评分等全过程线上操作，实现各类数据统计分析系统自动完成，解决了评价结果反馈慢、人工处理效率低、数据分析不精准等问题，彻底告别了“纸质时代”，推动评价方式创新。

健全多元评价机制。校级督导、院级督导、学院院长与副院长、教研室负责人，从学科专业的角度指导教师开展课堂教学，并且评定课堂教学质量评价的等级；校领导、非教学单位领导、学院书记与副书记、教务处干部，从教书育人、课堂管理与质量监控等方面考查课堂的教学状态与教学效果；学生从“学”的视角，紧扣教学效果与学习收获，对一学期教师课程教学的情况进行评价。学期末，学校分角色、分视角对学校课堂教学情况进行综合研判分析，提出改进措施，促进课堂教学水平提高。

五、强化先进示范作用，引导教师驱动力聚焦课堂

加强典型选树。为引导广大教师聚焦教书育人主业、争做“四有”好老师，自 2017 年起评选“教学标兵”“教学先进个人”，树立学高为师、身正为范、聚焦主业的优秀典型，进一步浓厚聚焦立德树人根本任务的育人氛围。

完善评优机制。学校从贯彻落实《深化新时代教育评价改革总体方案》精神，

健全优秀教师评选激励长效机制出发，相继出台《中南民族大学教学标兵与教学先进个人评选办法(试行)》《中南民族大学本科教学工作奖励办法》等制度，大力提升教学工作评价规范化水平，健全教学优秀典型发现、培育、表彰、激励等制度体系，为广大教师潜心教书育人、提高人才培养质量提供了有力保障。

第六节 总结分析

经调研国内“双一流”高校发现，目前高校对于教师评价改革的实践探索主要集中在五个方面。第一，坚持将师德师风作为第一标准。在评价内容上，众多高校将教师立德树人的示范作用确立为旗帜鲜明的导向，纷纷制定了教师师德考核相关制度，组织推广师德突出事迹，一票否决师德失范教师。第二，建立分类多元的评价体系。例如，上海交通大学为持续细化教师分类评价改革，形成了19类教师职称评聘的“赛道”，涵盖成果转化与推广、技术转移、以考代评等岗位类型。第三，完善同行评议和代表性成果评价。复旦大学持续优化专家库的建设与完善同行评议的指标体系，现如今，专家库规模已达千余名。第四，完善人才培养与支撑体系建设。清华大学建立了以助推青年人才成长为指向的，全周期、全覆盖的教师发展体系，并通过提高科研启动经费、设立人才基金等方式，大幅提高了对新手教师的支持。第五，建设教学质量实时监测大数据平台。以西安交通大学为例，为健全校内教学质量保障体系，创造性地将教师评价改革与物联网、云计算相结合，极大地提高了课堂教学过程中数据采集、质量评价、督导监控、点对点帮扶的准确性与一体化。

第十章　机制创新：高校教师评价改革对策建议

随着我国各项事业的蓬勃发展，高等教育也进入内涵式发展的关键阶段，长期困扰高校发展的体制机制性障碍，特别是用人机制的瓶颈性因素进一步凸显。全面推进教育事业科学发展，迫切要求进一步加快高校人事分配制度改革步伐。深入研究高等学校，特别是行业特色高校激发师资队伍活力的体制机制创新方法，有利于推进行业特色高校的进一步发展，有利于推动新一轮高校人事制度改革。

本书面向教学型、科研型、教研型以及管理型教师，围绕教学评价、科研评价、管理评价与师德师风评价四个方面提出对策建议，推动“双一流”高校教师评价改革持续深化。完善评教结果的反馈与利用机制，技术赋能，实现评价形式智能化；细化科研人才分类评价方式，探索交叉学科科研人才评价；坚持把师德师风作为第一标准，发挥道德榜样的示范引领作用；以同行评议为主、量化评价为辅，将代表作制度与综合准入制结合，加强绩效沟通，重视教师的参与。

第一节　政策引领，深化教师评价改革

构建和完善“双一流”高校评估体系，推进和深化行业特色评估改革，需要国家的政策指导和支持。建议国家在“双一流”高校评估理念、评估内容和评估实施方式等方面，做出相应的政策安排和制度规范。

一、评估理念：彰显独特价值，推进公平评估，强化导向功能

一是彰显“双一流”高校发展的独特价值。“双一流”高校是最具中国特色的高校群体，是构建中国特色世界一流大学格局的重要组成部分，在推进中国高等教育现代化、推动中国行业产业经济发展中，具有重要的、独特的战略意义。必须充分认识“双一流”高校不可替代的战略地位和独特价值，并在评估的设计和实施中体现出来。二是推进“双一流”高校评估的客观公平。客观、公平、科学的评估，是高等教育评估和“双一流”评估的必然要求。比如，对事关“双一流”高校长远发展的、基础性的计划、项目等方面，给予政策支持。三是强化“双一流”高校

评估的导向功能。"双一流"高校作为具有独特价值的高等教育群体，在其战略发展上，需要国家做出明确的政策性导向，在实施评估中需要区别对待、分类进行。运用整体思维、系统思维和前瞻性思维，重构评估机制和评估体系，通过分类评估，发挥评估的判断、引领、指导、管理和改进等多项功能，引导"双一流"高校的分类建设和分类管理。

二、评估内容：抓住本质内涵，提炼核心指标，实现相融共生

一是抓住"双一流"高校的本质内涵。要增强"双一流"高校评估客观性、公平性，达到评估目的，就必须提高评估的针对性，抓住"双一流"高校的本质内涵，本质内涵是什么，就评估什么。本质内涵，即本质属性。"双一流"高校的本质内涵，就是高校与行业之间的关系，是服务、支撑和引领行业发展，及其在这一过程中累积形成的具有行业属性的特色和优势。二是提炼"双一流"高校的核心指标。"双一流"高校之"特色"，主要体现在以"六个度"为特征的、有机联系的若干核心要素中，其中学科专业的布局、设置及其与行业发展需求的契合程度、紧密程度是确立"双一流"高校属性的基本出发点；人才培养、科学研究等方面对行业发展的贡献度是观照"双一流"高校价值的重要指标；高校与行业之间的互动及其程度(包括广度、深度和频度)是"双一流"高校的基本运行方式；行业精神是否融入专业文化是"双一流"高校的显现形态。为此，需要从以上这些要素中提炼"双一流"高校评估的核心指标。三是完善"双一流"高校综合评估体系。可以在现有"双一流"高校评估体系构建中，采用"共性指标＋个性指标"的方式，构建完善的综合评估指标体系，有效地解决"双一流"评估的共性指标与"双一流"高校的个性指标之间的相融共生问题，从而既强调"双一流"建设的统一要求，充分筛选那些能够体现所有"双一流"特征的共通性指标，也尊重"双一流"高校发展的特殊性，兼顾能切实体现"双一流"高校特色的个性指标。

三、实施方式：鼓励多方参与，加强沟通协商，实现共治共评

一是鼓励相关主体积极参与评估活动。教育评估本身就是一个复杂的系统工程，涉及众多相关利益主体，需要调动各方的积极性。就"双一流"高校的评估而言，教育主管部门要充分重视相关行业部门、行业企业和其他用人单位等在"双一流"高校发展中的诉求。在开展评估活动时，需要将这些相关利益主体纳入"双一流"评估主体，鼓励其积极参与评估建构和实施活动。二是加强多元评价主体之间的沟通协商。"双一流"高校相关评价主体，隶属关系不同，价值和利益诉求不同，承担责任的轻重不同，在本质上可归结为政府、市场、社会和高校四元主

体。在参与评估活动时，需要加强各方的沟通、协调，妥善处理好四元主体之间的关系，提高相关方面的话语权，明确各自的主体责任，建立基于多方价值协商的协同评估机制，从而实现多元主体对“双一流”高校的共治共评。比如在具体操作中，可由国家教育行政部门负责“双一流”高校评估活动的总体设计、组织实施、沟通协调和评估结果的处置安排，负责共性通用指标的筛选、审定等；个性指标部分研究制定和评估活动的具体实施，可由教育主管部门牵头，也可委托行业部门会同相关高校、行业机构和用人单位等组织实施。

第二节　分类评价，细化教师评价标准

评价标准是衡量教师开展工作的“标尺”，这把“标尺”的科学合理性直接决定了评价结果的准确性。高校教师劳动的复杂性决定了进行评价时不能采用“同一把标尺”进行度量，而需要采取多维的“标尺”来度量不同身份的教师。如果盲目地追求统一的标准化评价，会对教师的发展起到反向作用，也将难以发挥政策的导向作用，无法实现评价价值的最大化。因此，构建符合实际的合理化的高校教师评价标准是十分必要的。

一、细化科研人才分类评价方式

知识生产方式从同质转向异质要求在人文社会科学与自然科学二分法基础上，依据知识生产方式差异进一步落实分类评价，细化评价对象、评价内容、评价方法、评价周期等，力争让不同赛道的科研人才均能脱颖而出。进行分类评价包括如何分类与怎样评价两个步骤。第一步是确定分类，个别省市已先行探索，积累的宝贵经验值得借鉴。如北京市将人文社会科学人才分为基础研究、应用研究和决策咨询研究三个系列，将自然科学人才分为基础研究、应用研究、技术开发与推广、科技咨询与科技管理服务四个系列。简言之，科研人才合理分类绝不是简单拍脑袋的结果，必须考虑科研工作的知识逻辑，结合知识生产方式制定科研人才分类标准。第二步是根据科研人才分类结果设计相应的评价内容、评价方法、评价周期和配套机制，评价各类科研人才均需涵盖品德、知识、能力、业绩和贡献等内容要素。品德评价强调德才兼备、以德为先，对学术不端行为实行一票否决制。总体原则是越偏向基础理论研究越需重视同行评价，有条件的领域还可实行国际同行评价，越偏向应用对策研究越需注重市场评价和社会评价。在评价周期上，基础理论研究知识生产面临更大的不确定性，因而评价周期应适当长于应用对策研究。此外，保证分类评价平稳推进的关键还在于建立不同类别人才

评价结果的等价互换机制。

二、探索交叉学科科研人才评价

知识学科边界从清晰转向模糊要求评价口径为交叉学科预留空间，加快探索交叉学科科研人才评价方案。与单一学科人才相比，交叉学科科研人才具备两个鲜明特征：一是知识基础多样，二是强调问题导向。知识体系边界模糊以及现实问题复杂难测决定了交叉学科科研人才评价不能封闭，必须开放。可行思路之一是探索开放同行评议，具体包括开放评议专家身份、开放评议意见以及开放评议过程，遴选交叉学科同行评议专家的核心是处理好知识广度和知识距离的问题。知识广度是指同行评议专家组知识背景的覆盖面，这里的知识背景不仅包括各类显性的学科知识，还包括实践情境中的社会知识，由于交叉学科涉及两个及以上学科领域，因而交叉学科科研人才评价所需的知识广度通常高于单一学科。知识距离是指同行评议专家组知识背景与交叉学科科研人才研究方向的关联度，只有达到一定关联度才具备基本的评价发言权，并能给出实质性意见和建议。

三、加大对国防、国家重大需求类科研队伍的支持力度

聚焦人才强校，结合国防特色，注重提升教师行业特色专业能力，加强教师实践能力的培养，支持青年教师赴军工科研院所开展博士后、挂职交流工作和学习考察，参与产学研项目和关键核心技术联合攻关。强化有组织的科研，加强机制协同、政策协同、人员协同和资源协同，围绕学校学科特色和发展目标，引导基础研究人员注重从 0 到 1 的突破，提升从工程技术问题中寻找基础科学问题的能力，实现原创性、引领性科技攻关；引导工程技术人才聚焦国家战略需要，瞄准关键核心技术并加快共性技术攻关。对长期从事国防特色学科专业教师发展增设绿色通道，推动新兴交叉学科建设与教师评价改革，重点支持"卡脖子"核心技术协同攻关，鼓励教师服务国家安全和国防科技重大战略需求。

第三节　多元评价，打破评价主体界限

以简单量化的方式考核高校教师，不能真正激发教师的主观能动性，不利于教师的创造性、探究性的发展，不利于提升教师的能力。教师评价的目标并不单纯是管理教师，更重要的是促进教师发展及提升教育质量。

一、完善多元评价的制度体系

首先，高校应立足实际，兼顾不同院校、不同学科、不同岗位类别、不同发展层次教师的特点，分层分类制定教师评价的具体标准以及实施方法，根据院校发展和师资队伍建设规划逐步调整教师评价的具体标准，围绕教学评价标准、科研评价标准、专业能力评价标准及服务社会评价标准等进行重构，提高评价标准的针对性。其次，要运用动态的过程性视角系统全面地考察评价教师工作的各个环节，建立学校、院系与个体之间“三元共生”的评价标准，要重视过程评价，将评价贯穿于教师发展的全过程。健全教师的政策参与机制，促使教师真正参与评价标准的制定。根据教师的发展需求来制定合理的标准，依靠教师的力量建立评价共识，强化教师的责任意识与主体意识，调动教师的积极性，对初步构建的评价标准应再细化、完善，应分类分层分阶段组织教师共同参与高校教师评价标准的制定活动，协调各种标准之间的分歧，共同协商出能被大多数人接受的评价标准，使得高校教师评价标准能够适切教师的需求，加强教师标准化体系建设，为教师分类评价提供遵循。最后，对高校教师评价标准政策的语言表述进行规范，使其逻辑结构清晰且易懂。评价标准的建构要强化多元价值的整合，确立切合实际的高校教师评价标准政策，制定详细明确具有区分性的评价标准政策，使其最大限度地满足社会的发展及需要。高校教师评价标准并不是单一的，标准要适应动态的社会发展，其评价标准也应该具有发展性，通过制定具有差异及科学合理的评价标准政策来提高评价内容对于评价对象的适切性，加强教师评价政策的导向性，使得评价开展有据可循，促使教师评价的客观性、可操作性及有效性的实现，最终达到促进教师专业发展的目的。

二、以同行评议为主、量化评价为辅

确立科学的考核评价和激励机制，突出同行专家在科研评价中的主导地位。根据评价对象的学科背景，综合考虑专家学术水平、高校声誉、学科发展对标等因素。建立以小同行为主、大同行为辅的评议专家库。在不断完善评审专家库及专家诚信信息的同时，还可将参照对象情况纳入评审内容。对送审环节进行全过程记录，为评审提供更加翔实的信息支撑。同时加强对量化指标的科学分析，使数据发挥其应有作用，这些取决于采集、整理、分析、运算、解释的过程是否科学。对评审程序和规则进行优化，如对校外同行负面评价超过一定比例的原则上终止其评审程序，院系评审委员会组成中要有一定数量的院系外相关专家等。在优化学术委员会的运作机制时，应重点考虑以下几个方面。首先，委员会需要实施民主选举制度。为了提高委员会的学术质量，应该实施自下而上的民主选举制度，让教师选择心中的权威对自己进行评估，从而增加教师对委员会的信赖度。其次，行政高层退出委员会，以减少行政权力对学术机构独立评估的影响，确保学术评估结果的公正性。此外，实施回避和监控机制，当教师与委员会成员有直接的利益关联并接受评估时，该委员有责任避免参与这次评估，以突出评价过程的公平性。确保评价过程的透明性，并接受教师的监督，以增强评价过程的透明度。最后，还应设定委员会成员的服务期限，以确保评估机构的纯洁性和评估结果的可靠性。当前高校教师多数以组建课题组的形式开展基金项目研究，针对教师个体评价，课题组内的成员更了解彼此在课题研究时的贡献程度以及在整个研究过程中的工作量。相对于那些没有参与评估的成员，他们对自己的科研成果有更大的话语权。特别是课题组组长给出的评价，更能真实地展现每个成员的实际工作状况、研究能力和在该领域的学术成就。因此，为了确保学术委员会能够有效地进行同行评价，还应实施课题组成员之间的同行评价机制，以丰富同行评价在教师科研绩效评估中的应用，从而加强评价结果的可信度和客观性。

三、将代表作制度与综合准入制结合

建立以质量为导向的科研评价标准，推行标志性成果和代表作评价制度。科研代表作评价制度的完善需要从多方面着力。第一，需要加强代表作制度理论研究，坚持分类评价原则，充分尊重知识生产与个人职业发展的规律，构建包括原创、贡献、影响力在内的多维评价指标。第二，代表作评价应当以定量和定性评价互补并行的方式进行，鼓励多元主体参与的开放同行评议。第三，综合运用全文本语义挖掘、知识实体引文网络、替代计量等新技术、新方法辅助专家进行代表作原创性价值、影响力等测度。第四，管理部门应当吸纳高校、行业协会企业等各个层面的专家人才，提升专家的覆盖面和遴选工作的科学化水平，严格执行调整与轮换制度，确保专家的时间与精力投入，及时公布专家评审意见，推进申诉流程透明化，并根据申诉和反馈结果建立专家信誉记录制度，对失范行为应进行严格查处，力求评价行为达到严格规范的程度[158]。

综合准入制是目前我国高校普遍采用的学术评价制度，依据高校教师教学科研活动的一般规律制定论文、项目、奖励等方面的量化门槛指标，作为学术评价中的必要条件。综合准入制具有综合性、科学性、质量兼顾、适用面广、切实可行等优点，但往往无法满足人文社科教师或偏才型教师发展需求，因此用突显质量和学术影响力的代表性成果来替代现有综合量化指标可弥补这一短板。在教师聘任方面，可将全面实施长聘制作为高校人事改革的重要内容，试行并逐步建立与国际接轨的教师长聘制评价体系。在职称评审中，可考虑分别制定综合准入条件和代表性成果条件，两项满足其一视为符合基本任职条件，同时，在综合准入条件制定中采用必选项与可选项相结合，既明确学科的普适性要求，又允许从不同方向上考虑成果的差异化特点。

四、加强绩效沟通，重视教师的参与

本书通过访谈调查发现，当前绝大多数高校教师科研绩效评价都采用一种由上至下的单向模式，即由评价主体安排评价工作、得出结果、终结过程。在这一过程中，教师常常是被动的，其观点易被忽视或者没有受到应有的关注。全过程的绩效沟通工作对教师绩效管理工作的顺利开展发挥着重要的作用。首先，在绩效计划制订时应加强绩效沟通工作。一方面，让教师明确绩效评价的目的与意义，清楚高校对自己的期望和本期自己的绩效工作内容；另一方面，绩效管理者根据绩效计划沟通过程收集到的信息，及时修正绩效计划目标，使制定的绩效目标更加符合教师的实际能力。提高高校教师绩效计划的可接受度，降低高校教师绩效辅导实施与评价过程中的阻力。其次，在教师绩效辅导实施阶段应加强绩效沟通工作。一方面，将高校管理者的重视度传达给教师，使教师时刻感受到组织的关怀，增强其对绩效评价的认同感；另一方面，教师可以及时地将自己的意见和建议反馈给绩效管理者，及时寻求支持与帮助。再次，在绩效评价时加强绩效沟通工作。一方面，让高校绩效管理者就绩效实施中发现的问题及时与教师进行沟通，帮助教师发现工作中存在的不足并采取改进措施；另一方面，让管理者与教师就评价周期内各个指标的完成情况进行沟通并达成共识，打消教师对评价的抵触情绪。最后，在绩效结果运用时加强绩效沟通工作。让教师及时了解其绩效评价结果，帮助其分析绩效实现过程中存在的问题及原因，帮助制定有针对性的改进措施。

第四节　全面评价，促进评价结果立体化

如何破除大学教学评价“管理至上”的桎梏，实现教学评价服务功能的归位，是我国大学教学评价制度改革中待解决的关键问题。在推动传统教学评价制度向高质量的教学评价制度转变时，必须要遵循服务本位的管理伦理规范与道德精神，通过完善评教结果的反馈与利用机制，切实促进教师的专业化发展和保障人才培养质量。

一、突出过程性评价，深度剖析评价信息

一是开展组织化的教学评价讨论会。从各院系的课程组、教研室等教学组织中选聘教育教学业绩突出的教师担任讲解员，借助实践过程中的经典案例，讲解评教结果的使用方法以及注意事项，还可以在讨论会上广泛收集学校教学评价制度中存在的具体问题，在组织支持下推动以教育教学质量提升为要旨的教学评价改革。二是在评价结果收集工作完成后，应对评价信息进行分析。一方面，应体现分析方法的技术性，利用科学方法对教学评价信息进行分析。现代科学技术的不断发展使教学结果能够被挖掘出更加细致准确、深层次的信息。大数据技术高效处理和深入挖掘等特点，为高校从教学评价结果中获取有效信息提供了重要保障。各高校可根据实际需要利用该技术对收集到的大量信息进行深入分析，利用多元回归分析、云计算等方法找寻教学评价结果背后更深层次的原因，并利用可视化技术将分析后有价值的信息以直观方式反馈给教师，从而充分发挥教学评价的改进功能。人工智能技术为动态评价信息提供了分析途径。通过对教师语言的分析，识别教师的个人语言特点，使教师能够清晰地把握自身的语言现状，从而使其更加明确自身的教学语言和风格特色，为教师的教学发展方向等提供参考。另一方面，应注意评价结果分析角度的多样性。教学管理部门需从教师的教龄结构、学历结构、职称结构等不同角度形成综合评价结果，使其更具备可比性和多样性。例如，对有相同教龄的教师或相同职称的教师进行比较，照顾到教师因为客观因素而存在的教学水平差异，也能从多角度得出分门别类的评价结果，能够更加有针对性地改进教师教学。

二、促进教师成长，妥善处理评价结果

一是反馈有益于教师改进教学的评价结果。比如，教务部门反馈给教师的评价结果应包括每个评价细目的具体得分，不同教师之间评价结果的横向对比信息，以及教师个人历年评价结果的纵向对比信息等，而不是仅提供一个缺乏参考价值的总体得分。正确、有效的反馈是教师利用结果、改进教学的关键指引，只有当教师获得全方位的信息反馈，明晰自身具体的不足和改进方向时，才能真正激发教师自我反思、自我治理、自我发展的内生动力。同时，可以利用智能化手段实时向教师推送有关的改进策略和方法，使教学评价结果能够切实为教师的专业发展提供帮助。二是探索建立教学督导帮扶制度，教学督导往往在教学经验、教学能力方面有着深厚造诣，以青年教师为例，鼓励教学督导帮扶青年教师，将有助于青年教师解决教学实践中的复杂问题，提高高校整体的教学自治水平与能

力。在制定评价结果运用措施时，中间等级的教师也应得到同等的关注。对于教学表现良好的教师可以让其知晓评价结果，使其自行改进提高；对于教学评价结果中等的教师要做好跟踪指导，采取同行、督导听课的方式进行帮扶；对评价结果基本合格的教师，可选择经验丰富的教师担任导师，进行一对一的针对性辅导，同时该等级教师要参加规定次数的教学培训以加强教学理论知识学习，并观摩其他优秀教师的教学，学习如何更好地进行教学实践。总之，高校要遵循服务本位的管理伦理规范和道德精神，在完善评价结果反思与利用机制的过程中，切实促进教师的教学成长，保障人才培养质量，培养教学基层组织的教学自治意识和能力。

第五节　技术赋能，推动评价数字化转型

“双一流”高校应探索教学评价数据收集常态化、教学评价机制运行智慧化方案，进一步提高教师素质，打造一流师资，助力高校更好地开展“双一流”建设。

一、优化评价效能，变革传统评价手段

传统的教师教学评价更多的是采用现场观察的方式，对教师的教学进行鉴定和诊断，教学评价体现出静态性和结果性等特点。随着教育信息化进程不断加快，人们对信息资源的获取能力越来越强，在这样的背景下，如何利用“互联网＋”时代发展起来的云计算、大数据、人工智能等先进技术开展教学评价成为重要课题。现代信息技术，如大数据和人工智能的研发和应用，为教育评估的执行带来了创新的动力。将新技术融入教学评价体系中，构建基于大数据的新型教育教学评价模式，可以推动学生学习能力的提升、教学质量的提高和学校管理的优化。利用新技术来指导教学评价的智能化进程，可以实现对教师教学评价的全方位监控、全员参与的全方位收集和全地域的跟踪。这将推动从静态评价向动态评价的转变，以及从结果评价向过程评价的转变，从而收集到最能反映被评价对象真实状态的教学评价数据，实现对教师教学的精准评价[159]。

二、试行智慧评价，融合现代信息技术

“双一流”高校可试行智慧化的教师教学评价，尝试依托互联网以及人工智能技术的海量数据收集、高效计算分析等功能，实现教师教学评价信息的真实精准采集。一是根据评价指标，利用教学平台的数据和统计功能，对在线教学进行动态监控，如视频使用情况、师生问答等，通过智能化评价将教学中的问题及时反

馈给师生，并及时进行调整和改进。利用人体姿态识别技术或者语音语调识别系统，及时帮助教师发现在教学过程中的不恰当行为，以及识别教师对课堂的把控能力和处理突发事件的能力，体现教学评价的过程性。二是利用信息技术建立云平台、评教网、微信公众号等，使教学评价透明化和公开化。利用智能录播系统和传感器系统对教师的教学过程进行全面的数据采集，以文本、视频等形式把握被评价教师的变化与进步情况，保证教学评价数据收集的动态性，帮助师生从整体上了解自身状况，并与他人的教学成效和学习成果进行比较，在反思和改进的同时培养和提升竞争意识，激发师生自觉追求卓越的动力，充分发挥教学评价的诊断、导向和激励功能，并最终达到促进教师和学生个体全面发展的目的。通过融合现代信息技术，让教学评价的实时采集、海量获取和精准识别成为现实，能够实现教学评价对教师教学全过程的持续跟踪，充分展现被评价教师的成长过程和优劣状态，体现以人为本的理念对教师的教学能力提升提供有针对性的数据支持，体现出教学评价的区分度、差异性和过程性。

第六节　师资队伍素质能力提升对策

教育在国家发展、民族振兴、民生改善、技术创新中的基础性、先导性、全局性地位愈加重要，作用日益凸显。教师，特别是高素质教师，是我国教育事业发展与提高的重要基石。高校作为教师队伍建设的责任主体，要在新时代的使命感召和党的教育方针指引下，推动教育优先发展，以更加高度的政治自觉与更加有力的政策措施，全面推动教师队伍向高水平发展，深入落实立德树人根本任务，为实现“两个一百年”奋斗目标和中华民族伟大复兴中国梦提供坚实基础和有力支撑。本书结合“双一流”高校师资建设实际，分别从理想信念、精神品质与个人发展三个方面，提出提升高校教师素质能力提升的路径及建议。

一、加强理想信念教育

教师师德是指教师在保证教学质量的前提下以德立人，在社会道德上为学生树立榜样，不仅传授学生专业知识，还通过以身作则教会学生如何做人。教师所有的专业发展都是基于道德发展[160]，在“双一流”建设背景下，高水平大学应该加强对教师师德的重视，为高水平大学树立良好、健康的师德师风，这同时也是保证高水平大学教师专业发展的重要举措。高水平大学的师德建设，一方面，可以通过柔性的道德教育、人文关怀，使本校教师自觉去追求德性生活，激发他们的内在动力和道德自觉[161]；另一方面，也要借助一些规范来约束教师的行为，提高教师的自我约束能力。具体来说，高水平大学首先可以通过加大宣传引导，培训时适当加入师德建设的内容，提高教师对自己工作的热爱以及认同，让教师明确自己肩上担负的使命与责任，有意识地培养教师无私奉献的精神，必须正视教师师德的重要性以及了解何为真正高尚的师德师风，从而使教师的师德培养不至于沦为虚妄乃至谬误[162]。同时要注意教师思想动态的变化，及时发现并改正教师不正确的思想与行为。引导教师准确理解和把握社会主义核心价值观的深刻内涵，增强价值判断、选择、塑造能力，并把社会主义核心价值观体现到教书育人的全过程。如充分挖掘我国改革发展的伟大成就，利用重大历史事件纪念活动、重大节日等契机组织开展主题教育活动，让教师在实践教育中感知、领悟、深化对社会主义核心价值观的认识。加强校园文化建设，用良好的氛围强化社会主义核心价值观[163]。充分利用身边的历史文化资源、革命教育资源、科技资源、艺术资源等开展生动的教育活动，增强对中华优秀传统文化、革命文化、社会主义先进文化的感知与理解。

二、注重精神品质塑造

通过教育、宣传、考核、监督等加强高校教师师德师风建设工作，不断提升教师职业道德水平[164]。如开展多种形式的培训宣传活动，强化教师职业理想和职业道德教育。举行新教师入职宣誓仪式、老教师荣休仪式，激发教师的职业荣誉感。加强师德考核与监督，发挥制度约束作用，强化教师行为“红线”意识。发挥正面引导作用，大力选树师德典型，营造尊师重教、崇尚师德的良好氛围。引导教师坚定正确的政治方向，增强对中国特色社会主义的思想认同、理论认同、情感认同，树立正确的历史观、民族观、国家观、文化观，成为党执政的坚定支持者。鼓励教师将个人理想融入国家的建设发展，激发教师的家国情怀。通过教师培训、日常学习等方式加强政治理论学习；利用红色教育资源进行实践教学；通过挂职、支教等途径开展社会实践；开展调查研究、学习考察、志愿服务，促使教师进一步了解国情、社情、民情，增强自身社会责任感。在教师队伍中弘扬正能量，号召教师发扬科技工作者敢为人先、攻坚克难、追求卓越的精神，以及教育工作者传播真理、传播真知、崇德向善、见贤思齐的优良品质。着重激发教师的爱国奋斗精神，通过向先进人物的感人事迹和崇高精神学习，强化教师的担当意识与奉献精神。大力弘扬科学家精神，把个人事业发展融入党和国家的伟大事业中，切实担负起教书育人和科技创新的时代重任。深挖校史资源，加强对学校先辈求学治学、教书育人等方面优良传统的学习与传承。深入开展行业背景和校史校情教育，引导广大教师追求真理、勇攀高峰，形成爱国奉献、尊重知识、崇尚创新、尊重人才的浓厚氛围。

三、全职业生涯教育培训

教师的个人理想追求、价值导向、职业责任等终究要通过教师个人发展而体现。通过为教师搭建成长发展平台、解决教师工作和生活实际问题、关心关注教师身心健康、加强对教师的人文关怀等，助推教师全面成长与快速发展，使得高校教师拥有归属感与获得感，以良好的心理状态、精神风貌和工作热情投入教育事业，落实到立德树人的根本任务中。按照人才成长规律，结合教师发展需求，将职业培训贯穿于教师发展全过程，包含入职教育、日常教育、在职培训、专项研修等职业生涯的全过程教育培训体系[165]。以增强理想信念、强化核心价值观、提升职业道德为目标，通过构建思想教育、实践感悟、氛围熏陶一体化的培育途径，促使教师不断提升。

一方面，集合高原期教师，让他们相互交流学习，借鉴其他教师的经验从而发现自己的发展之路。定期组织进行系统培训，科学分析与重组教师的知识结构。在培训内容中不仅要加入更体系化的专业内容，还要加入职业道德的培训。在培训中加入教师急需的专业知识体系，促进教师知识结构的进一步完善，增加高原期教师的创新能力，进而帮助教师走出高原期。

另一方面，要重视青年教师学科素养的培养，在培训过程中注意构建学科知识体系，培养辩证思维。在培训课程中加入情景模拟[166]，把教学过程中可能遇到的问题列举出来，鼓励青年教师在具体的情境中寻找解决问题的方法，进而提高青年教师核心素质。培训讲师应该选择那些有丰富经验的优秀一线教师，上课内容加入他们的教学与科研经验，而不仅仅局限于生硬的理论知识，这样的培训内容更为生动且易于接受，能够给予青年教师更多、更实用、更直观的教学经验，让青年教师更快更好地掌握提升专业素质的方法与能力。不仅对教学能力进行培训，还应该对青年教师如何进行课题申请、如何进行学术科研加以培训，以利于青年教师更好地开展学术工作。培训的形式不仅包括组织教师到培训基地进行系统培训，还应该增加专题讲座、学术深造或者外出访学等形式，针对不同能力层次与需要的青年教师提供不同形式的能力培训，这样培训才会事半功倍。青年教师在培训过程中得到的收获越大，在实际工作中的业务能力就越强，就越能激发青年教师对自身专业发展的积极性，外部驱动与自主发展相结合，从而形成一个良性循环，最终促进整体的教师专业发展。

参考文献

[1]刘本固．教育评价的理论与实战[M]．杭州：浙江教育出版社，2000.
[2]陈玉琨．教育评价学[M]．北京：人民教育出版社，1999.
[3]王景英．教育评价理论与实践[M]．长春：东北师范大学出版社，2001.
[4]侯光文．教育评价概论[M]．石家庄：河北教育出版社，1999.
[5]吴钢．现代教育评价基础[M]．上海：学林出版社，1996.
[6]涂艳国．教育评价[M]．北京：高等教育出版社，2007.
[7]王斌华．发展性教师评价制度[M]．上海：华东师范大学出版社，1998.
[8]陈永明．教师教育研究[M]．上海：华东师范大学出版社，2002.
[9]彭斌柏．新时代教育评价改革政策解析[M]．北京：北京师范大学出版社，2022.
[10]杨长青．象牙塔的标尺：激励视角下的高校教师评价研究[M]．南京：东南大学出版社，2012.
[11]孙华，郭荣．新中国70年高校教师职称制度的历史演进：基于历史制度主义的分析范式[J]．教育学术月刊，2020(9)：33－41.
[12]李旭锋．以多元分类、质量贡献为评价导向 构建高校教师队伍建设新格局[J]．中国考试，2024(1)：12－14.
[13]刘振天，陈昌芸．改革开放以来高校教师评价制度的演变、实践与完善[J]．高等教育评论，2022，10(2)：33－46.
[14]韩明．高校教师评价中的绩效管理[J]．华南师范大学学报(社会科学版)，2009(4)：133－135.
[15]毛亚庆，蔡宗模．建国以来高校教师专业发展的制度审视[J]．清华大学教育研究，2010，31(6)：27－34.
[16]杨卫东，张征．探索回归本真的高校教师教学评价[J]．教育研究，2016，37(12)：130－132.
[17]陈明学．高校教师教学评价的反思与实践转向[J]．黑龙江高教研究，2017(9)：56－59.
[18]刘秀梅，张雪遥．高校教师教学质量评价审思[J]．高教探索，2022(4)：56－60.

[19]徐全忠．回归教师发展本位的综合教学评价研究[J]．中国大学教学，2018(10)：79－82.
[20]卫建国，汤秋丽．新时代高校教师教学评价改革与创新论析[J]．黑龙江高教研究，2023，41(2)：33－37.
[21]李庆丰，周作宇．高等教育评价中的价值冲突与融合[J]．高等教育研究，2020，41(10)：23－34.
[22]曹晶，陈敬良．我国高校教学评估的价值取向变迁及未来选择[J]．黑龙江高教研究，2020，38(6)：34－38.
[23]潘海生，杨慧．以职业路径为导向推动高校教师教学发展：基于英国“大学教学职业框架”(CFUT)的分析[J]．黑龙江高教研究，2021，39(3)：83－89.
[24]王卫华．论现代教育评价的基本理念[J]．教学与管理，2008(6)：3－5.
[25]肖云，王骥．高校在线教学质量评价体系：价值取向与建设策略[J]．黑龙江高教研究，2020，38(10)：141－144.
[26]李立国．建立符合高校教师工作特点的学术评价体系[J]．清华大学教育研究，2019(2)：10－12.
[27]操太圣．“五唯”问题：高校教师评价的后果、根源及解困路向[J]．大学教育科学，2019(1)：29－34.
[28]沈红，刘盛．大学教师评价制度的物化逻辑及其二重性[J]．教育研究，2016(3)：46－55.
[29]张泳，张焱．分类发展视角下的高校教师绩效评价体系构建：基于德尔菲法的调查研究[J]．高教探索，2018(8)：97－103.
[30]王钢，蒋亦华．大学教师评价“尺度”建构：以发达国家为观照[J]．江苏高教，2018(12)：87－90.
[31]李元元，王光彦，邱学青．高等学校教师绩效评价指标研究[J]．高等教育研究，2007(7)：59－65.
[32]沈红，林祯栋．大学教师评价的主客体关系及其平衡[J]．中国高教研究，2019(6)：48－53.
[33]杨玉圣．高校学术评价“去SCI化”评议：论大学问题及其治理(之三)[J]．社会科学论坛，2010(9)：55－68.
[34]童锋，王兵．“双一流”高校人才分类评价的实践探索与理念重构[J]．中国高校科技，2020(11)：31－35.

[35]董丹．提高高校教师素质问题研究[J]．亚太教育，2016(10)：188－189.
[36]李丽丽．新时代下高校教师素质建构的四个维度[J]．长春师范大学学报，2019(11)：124－126.
[37]欧阳小迅，戴育琴．高校教师素质特征评价的结构维度初探[J]．湖南学院学报，2015(2)：115－118.
[38]祁艳朝，于飞．高校教师胜任力模型的思考[J]．黑龙江高教研究，2013(9)：43－46.
[39]王刘华，梁青青，查方勇．高校教师胜任力素质模型的构建与实证研究[J]．价值工程，2020，38(21)：232－235.
[40]郑继兵，时伟．高校教师素质与能力结构探析[J]．重庆工商大学学报(社会科学版)，2011(1)：153－156.
[41]邓修权，刘秀梅，刘鑫，等．研究型高校教师能力素质模型构建与初步应用：基于北京航空航天大学优势学科教师调查[J]．北京航空航天大学学报(社会科学版)，2016，29(6)：107－113.
[42]余燕，黄胜开，乐长高．“双一流”建设背景下地方行业特色型高校师资队伍建设的理论与实践：以东华理工大学为例[J]．东华理工大学学报(社会科学版)，2020，39(1)：71－76.
[43]宁滨．新时代加强高校教师队伍建设的若干思考[J]．中国高教研究，2018(4)：5－8.
[44]乐融，陈中胜，刘红芳．科研促进教学、全面提高人才培养质量的实践与探索：以东华理工大学为例[J]．东华理工大学学报(社会科学版)，2018(2)：186－188.
[45]杜运伟，刘康平．“双一流”背景下地方行业特色型高校一流学科建设路径的思考[J]．南京邮电大学学报(社会科学版)，2018(4)：7－15.
[46]潘懋元，车如山．特色型大学在高等教育中的地位与作用[J]．大学教育科学，2008(2)：11－14.
[47]古贝，林肯．第四代评估[M]．秦霖，等译．北京：中国人民大学出版社，2008.
[48]布卢姆．教育评价[M]．邱渊，王钢，译．上海：华东师范大学出版社，1987.
[49]TIGELAAR D，VLEUTEN C. The Development and Validation of a Framework for Teaching Competencies in Higher Education[J]. Higher Education,

2004，48(2)：253－268.

[50]王汉澜．教育评价学[M]．开封：河南大学出版社，1995：183－185.

[51]李小庆，王果胜．关于我国高校教师教学评价的几点思考[J]．求实，2012(S1)：260－262.

[52]罗玉萍，刘丽娜，潘庆先．基于过程管理的高校内部教师教学评价探索[J]．高校教育管理，2015，9(6)：99－104.

[53]陆一，林珊，陈嘉．从评价到赋能：大学课程教学质量提升新方法[J]．中国大学教学，2020(8)：71－77.

[54]眭依凡．教学评估：大学人才培养质量的保证[J]．高等工程教育研究，2010(3)：87－92.

[55]刘丽娜，杜艳秋，罗玉萍．大学教师教学评价：发展逻辑、体系构成及多元协同[J]．江苏高教，2018(1)：44－48.

[56]杜瑞军．什么是好的教育评估：对我国高校教育教学评估的理性审视[J]．河北师范大学学报(教育科学版)，2021，23(5)：24－40.

[57]刘卓．建立健全新发展阶段高校教学评价体系[J]．中国高等教育，2022(8)：54－55.

[58]吕健安．现代教学质量观视角下的应用型院校教师教学质量评价[J]．教育与职业，2019(6)：45－47.

[59]刘振天．高校教学评估何以回归教学生活本身[J]．高等教育研究，2013，34(4)：60－66.

[60]周群英，刘晓雪．教学学术发展与大学教师教学评价制度创新[J]．当代教育科学，2019(1)：35－38.

[61]宋烨，陈金芳．美国高校教师同行教学评价的原则、程序及启示[J]．中国高等教育，2022(17)：62－64.

[62]朱善华．高校教师课堂教学质量的形成性同行评价研究[J]．外语电化教学，2020(6)：127.

[63]马浚锋，罗志敏．偏离、异化与重塑：学生评教本真性变奏：基于高校学生质性评教结果[J]．高教探索，2023(3)：48－55.

[64]郝龙飞，操太圣．高校“水课”问题产生的制度归因：基于社会学制度主义的视角[J]．苏州大学学报(教育科学版)，2022，10(2)：103－114.

[65]包水梅，陈嘉诚．高校学生评教的有效性及其影响因素：基于L大学2139门课程学生评教数据的分析[J]．现代教育管理，2022(6)：54－63.

[66]蒋士会，牛宏伟，李枭鹰．高校学生评教的内在逻辑、现实图景与理性选择[J]．教育科学，2023，39(3)：37－43.
[67]李慧，王凤秋．师范专业认证背景下高师院校学生评教制度优化研究[J]．黑龙江高教研究，2020，38(8)：72－76.
[68]刘理，宁立伟．高校学生评教的制度正义及其实现[J]．中国高教研究，2022(8)：84－89.
[69]付八军，冯晓玲．高校教师教学评价研究综述[J]．黑龙江高教研究，2008(4)：78－80.
[70]SABRI D. Student Evaluations of Teaching as "Fact-totems"：the Case of the UK National Student Survey[J]. Sociological Research Online，2013(4)：6.
[71]MAKONDO L，NDEBELE C. University Lecturers' Views on Student-lecturer Evaluations[J]. The Anthropologist，2014(2)：377.
[72]SPOOREN P，BROCKX B，MORTELMANS D. On the Validity of Student Evaluation of Teaching：the State of the Art[J]. Review of Educational Research，2013，83(4)：598－642.
[73]邱均平，王碧云，汤建民．教育评价学：理论·方法·实践[M]．北京：科学出版社，2016.
[74]赵锋．新时代大学教师教学评价：反思与重构[J]．高校教育管理，2023，17(4)：114－124.
[75]赵燕，汪霞．对我国大学教师评价制度的反思与建议[J]．高校教育管理，2019，13(2)：117－124.
[76]方潜生，黄显怀，程家福，等．从审核评估看高校内部教学质量保障体系的完善[J]．现代教育管理，2019(11)：57－61.
[77]陈栋．本科教学评估的"中国方案"：脉络、问题与走向[J]．湖南师范大学教育科学学报，2020，19(5)：107－115.
[78]宋佳．院校教学自评报告中的自主权界：批判话语分析视角[J]．高教探索，2022(3)：88－94.
[79]章宁，李峻．高等教育评估中的社会参与机制研究[J]．国家教育行政学院学报，2013(7)：59－63.
[80]计国菊，王章豹．社会问责视角下我国高等教育质量评估体系的有效性及其改进策略[J]．江淮论坛，2013(1)：184－188.
[81]芦伟．社会评估对于完善我国高等教育评估体系的意义[J]．教育与职业，

2011(24)：172－174.

[82]任雯．我国高等教育第三方评估机制困境及其应对[J]．黑龙江高教研究，2021，39(4)：49－54.

[83]肖娜．增值评价在高校教师教学评价体系中的应用[J]．教育与职业，2016(11)：114－115.

[84]刘勇．试论我国高校教师教学评价体系重构[J]．黑龙江高教研究，2016(1)：59－61.

[85]王义宁．民办高校教师专业发展自我评价的实证研究：以广东为例[J]．高教探索，2019(5)：95－102.

[86]邢磊，张兴旭．MATE多元教学有效性评价工具的设计与检验[J]．中国大学教学，2019(12)：69－74.

[87]陈春莲，唐忠．教师教学评价体系的构建与实施：基于“五维一体”发展性评价的改革思路[J]．中国高校科技，2020(10)：29－32.

[88]李欣，张威．“多元交互”在线教学评价指标体系构建的内涵、框架及路径[J]．现代教育管理，2022(10)：101－107.

[89]高一波．地方高校课程思政教学评价指标体系的构建与探究[J]．实验室研究与探索，2022，41(11)：242－248.

[90]孙玉芹，李康弟，吴蓓蓓．高校教师教育教学能力评价量化体系研究：以数学专业为例[J]．黑龙江高教研究，2012，30(9)：108－112.

[91]张忠华，李婷婷．论大学青年教师的教学能力结构与发展策略：基于实证的结论与逻辑的分析[J]．中国高教研究，2013(4)：51－55.

[92]许迈进，章瑚纬．研究型大学教师应具备怎样的教学能力?：基于扎根理论的质性研究探索[J]．浙江大学学报(人文社会科学版)，2014，44(2)：5－15.

[93]盛艳燕，赵映川．基于多面Rasch模型的大学教师课堂教学能力评价方法研究[J]．高教探索，2015(2)：70－74.

[94]任仕蓉，黄梅．层次分析法在中学化学教师教学能力表现性评价中的应用[J]．化学教育(中英文)，2020，41(3)：61－66.

[95]李志河，刘芷秀，聂建文．高校在线教师教学学术能力的评价指标体系构建[J]．远程教育杂志，2020，38(5)：81－89.

[96]杨世玉，刘丽艳，李硕．高校教师教学能力评价指标体系建构：基于德尔菲法的调查分析[J]．高教探索，2021(12)：66－73.

[97]徐顺，刘美心，向蓉．中职学校思政教师教学能力：理论框架、标准构建与提升路径[J]. 中国职业技术教育，2022(20)：25-32.

[98]苏强，王国银，谭梓琳，等．高校青年教师教学能力提升的逻辑生成[J]. 教育研究，2018，39(4)：121-126.

[99]梁靖．国外高校教师教育评估体系及其对我国教师教育评估的适配性研究[J]. 中国成人教育，2017(12)：110-112.

[100]尹天光．基于大数据分析的高校教师教学发展性评价体系构建研究[J]. 教育理论与实践，2021，41(27)：42-45.

[101]李作章．课堂革命驱动下大学教学评价的价值背离与转向[J]. 河北师范大学学报(教育科学版)，2020，22(6)：46-51.

[102]陆启越．高校思政课过程性评价模型与体系建构[J]. 江苏高教，2021(10)：74-80.

[103]戴瑞亮．高校教师教学评价体系的现状、问题及对策[J]. 黑龙江高教研究，2010(7)：100-102.

[104]向俊杰，陈威．论高校教师教学的360度绩效评价[J]. 黑龙江高教研究，2020，38(1)：59-64.

[105]王若梅．近十年国内高校教师教学评价研究与实践综述[J]. 江苏高教，2008(3)：70-73.

[106]DANIELSON C，MCGREAL T L. 教师评价：提高教师专业实践能力[M]. 陆如萍，唐悦，译．北京：中国轻工业出版社，2005.

[107]SIMPSON R D，SMITH K S. Validating Teaching Competencies for Graduate Teaching Assistants：a National Study Using the Delphi Method[J]. Innovative Higher Education，1993，18(2)：133-146.

[108]胡乐勇．教育教学中的评价方法[M]. 桂林：漓江出版社，2011.

[109]陶西平，张秀媛，李吉会．教育评价辞典[M]. 北京：北京师范大学出版社，1998.

[110]郭丽君，陈春平．21世纪以来大学教学评价研究的现状和趋势：基于社会科学引文索引数据库的计量分析[J]. 现代大学教育，2019(6)：56-64.

[111]汪雅霜，汪霞．高水平大学通识课程教师教学质量评价：基于混合研究方法的实证分析[J]. 国家教育行政学院学报，2018(2)：68-75.

[112]牟智佳，刘珊珊，陈明选．循证教学评价：数智化时代下高校教师教学评价的新取向[J]. 中国电化教育，2021(9)：104-111.

[113]谢从华，罗德凤，方雨洁．面向教学评价的课堂视频镜头边界检测新方法[J]. 数据采集与处理，2023，38(1)：174－185.

[114]于青青，冯菲．构建高校教师教学发展的综合体系：北京大学教师教学档案袋建设初探[J]. 中国大学教学，2020(8)：65－70.

[115]骆美．浅析大学教师教学评价方法之技术效能[J]. 当代教育科学，2016(3)：41－45.

[116]沈玉顺．高等教育评价方法技术的误用、滥用及其矫正[J]. 复旦教育论坛，2010，8(5)：10－13.

[117]牛风蕊．高校教师评价制度的改革困境及其张力[J]. 国家教育行政学院学报，2022(4)：52－60.

[118]陈明．改革开放以来高校教师评价制度的变迁逻辑：基于历史制度主义的分析[J]. 当代教育理论与实践，2023，15(3)：150－156.

[119]余婉娜．角色理论视域下应用技术大学教师评价制度的审视与重建[J]. 教育评论，2016(8)：55－58.

[120]喻冰洁，王景英．制度伦理视域下的教师评价制度：困境、原因及改进[J]. 现代教育管理，2014(5)：66－69.

[121]刘志军，王洪席，张红霞．促进教师不断发展的评价体系构建[J]. 清华大学教育研究，2015，36(6)：81－85.

[122]肖国芳，彭术连．破"五唯"背景下高校学术评价的理性思考与改革路向[J]. 科学管理究，2021，39(2)：65－72.

[123]左惟．深化评价制度改革 大力推进高校高质量内涵式发展[J]. 中国高等教育，2022(8)：12－14.

[124]王向东．大学教师评聘制度过度功利导向的负面影响及其控制：基于社会学制度主义的视角[J]. 现代大学教育，2015(2)：88－94.

[125]王洪才．高等教育评价破"五唯"：难点·痛点·突破点[J]. 重庆大学学报(社会科学版)，2021，27(3)：44－53.

[126]马茹，王宏伟．基于多案例研究的高校教师评价改革实践：进展、困境与路向[J]. 国家教育行政学院学报，2023(2)：52－61.

[127]杨琪琪，蔡文伯．绩效问责制导向下高校教师评价指标体系的陷阱及优化策略[J]. 复旦教育论坛，2021，19(4)：85－91.

[128]公钦正．继承与转型：法国大学教师评价体系研究[J]. 外国教育研究，2023，50(1)：113－128.

[129]李欢，杨希．华威大学教师学术评价指标的四维矩阵及其特点[J]. 清华大学教育研究，2022，43(4)：94-101.

[130]蒋家琼，张亮亮．英国高等教育多元主体评价制度的缘起、架构与特征：兼论对新时代我国高等教育评价制度改革的启示[J]. 陕西师范大学学报(哲学社会科学版)，2022，51(1)：111-120.

[131]赵炬明，高筱卉．关注学习效果，建设全校统一的教学质量保障体系：美国“以学生为中心”的本科教学改革研究之五[J]. 高等工程教育研究，2019(3)：5-20.

[132]范晓玲．教学评价论[M]. 长沙：湖南教育出版社，1999.

[133]陈广桐．高等学校教育教学评估[M]，济南：山东大学出版社，2005.

[134]李小融，魏龙渝．教学评价[M]. 成都：四川教育出版社，1988.

[135]董彦邦，刘莉．大学教师科研评价的目的、方法、程序对创新行为的影响：基于对 C9 高校部分理工领域的调查[J]. 中国科技论坛，2021(1)：24-34.

[136]王兴宇．知识生产视角下的高校科研评价：逻辑遵循与变革路径[J]. 黑龙江高教研究，2024，42(2)：40-46.

[137]刘作义，陈晓田．科学研究评价的性质、作用、方法及程序[J]. 科研管理，2002(2)：33-40.

[138]林慧芝，刘振天．高校教师科研评价改革的方向与重点[J]. 中国高等教育，2021(17)：13-14.

[139]徐燕刚，庚光蓉．我国高校教师科研评价体系的导向及其合理性思考[J]. 四川师范大学学报(社会科学版)，2011，38(3)：119-123.

[140]何金旗．高校教师分类管理“全评价”体系构建的度与策[J]. 江苏高教，2023(7)：72-78.

[141]李汉学，程斯辉．高校教师分类管理制度的演进特征与未来发展路向探析[J]. 河北师范大学学报(教育科学版)，2021，23(4)：100-107.

[142]商筱辉，王冬．破“五唯”背景下高校职称评审制度的改革实践与路径选择[J]. 北京联合大学学报(人文社会科学版)，2022，20(4)：115-124.

[143]鲍威，戴长亮，金红昊，等．我国高校教师人事制度改革：现状、问题与挑战[J]. 中国高教研究，2020(12)：21-27.

[144]杜彬恒．逻辑、框架、路径：高校如何把师德师风作为教师评价第一标准[J]. 当代教师教育，2021，14(3)：56-61.

[145]孙英剀，闵雪．新时代背景下高校师德评价体系研究[J]．经济师，2023(8)：201－202.

[146]董海霞．我国高校师德研究热点分析[J]．中国高等教育，2023(10)：50－53.

[147]阳荣威，刘伟豪．新时代教育评价改革政策执行的阻滞因素与纾解路径[J]．大学教育科学，2023(2)：51－60.

[148]毛洪涛，敬丽敏，曾双宝．我国高校全员评教制度的困境与对策[J]．中国大学教学，2010(3)：64－67.

[149]何静．高校教师教学能力评价机制优化研究[J]．黑龙江高教研究，2015，249(1)：95－98.

[150]蔡韩燕，杨成．数智融合驱动高校教师评价改革研究[J]．现代教育技术，2023，33(1)：91－98.

[151]田美，陆根书．发表还是出局?：Tenure-track 机制下青年教师发表国际学术期刊论文的压力[J]．复旦教育论坛．2016，14(5)：14－21.

[152]黄维．如何进一步推进科技评价体系改革[EB/OL]．(2022－05－03)[2024－02－01]．http：//www. studytimes. cn/zydx/KJJS/KEJYSH/2019－05－28/16167. html.

[153]田贤鹏．高校教师学术代表作制评价实施：动因、挑战与路径[J]．中国高教研究，2020(2)：85－91.

[154]吕黎江，吴剑．高校教师评价体系改革探析[J]．浙江社会科学，2021(7)：144－149.

[155]高一琼，张男．教育评价改革背景下民族高校教师评价体系构建[J]．民族教育研究，2021，32(6)：11－17.

[156]林娟．重构高校教师绩效评价指标的机遇与路径[J]．中国高等教育，2021(8)：7－9.

[157]苏强，蔡晓卫．效率还是价值：高校教师评价制度的逻辑困境及其张力调适[J]．华东师范大学学报(教育科学版)，2023，41(6)：133－141.

[158]董克，鲍远瑾，吴佳纯，等．我国科研代表作评价制度的发展历程与场景研究[J]．情报理论与实践，2024，47(2)：22－28.

[159]朱德全，马新星．新技术推动专业化：大数据时代教育评价变革的逻辑理路[J]．清华大学教育研究，2019，40(1)：5－7.

[160]李剑．反差与适应：新任教师专业发展的最初视角[J]．教育理论与实践，

2018(5)：18－20.

[161]聂阳，庞立生．高校师德建设的三重关系及其内在张力[J]. 思想理论教育，2017(4)：97－101.

[162]傅淳华，杜时忠．论当前师德教育的困境与超越：基于教师道德学习阶段性特质的反思[J]. 教师教育研究，2016，28(3)：13－17.

[163]邵红．高校青年教师践行社会主义核心价值观的实现路径探析[J]. 世纪桥，2019(3)：58－59.

[164]张时坤，王大广，耿化敏，等．新时代高校教师思想政治工作与师德师风建设探索[J]. 北京教育(德育)，2019(1)：4－6.

[165]孙怡晓．高校党委教师工作部功能定位与运行机制探析[J]. 智库时代，2021，3(12)：90－91.

[166]杨孝龙．提高大学青年教师培训有效性的策略研究[J]. 江苏高教，2013(5)：76－77.

附　录

“双一流”高校教师评价改革成效满意度调查问卷

尊敬的老师：

您好！非常感谢您对本次调查工作的支持。本次问卷调查的目的在于全面了解“双一流”高校教师评价改革的现状及成效，调查结果仅供学术研究之用。特恳请您如实填写此次问卷，并提出宝贵意见，以便能够真实客观地评估“双一流”高校教师评价改革的成效，推动“双一流”高校教师评价改革持续深化。

本问卷采用匿名回答，您的回答对本研究具有重要价值，答案无对错之分，所有回答都将被严格保密，再次感谢您对本研究的大力支持！

第一部分

一、基本信息

1. 您的年龄为：

A. 30 岁及以下

B. 31～35 岁

C. 36～40 岁

D. 41～45 岁

E. 46～50 岁

F. 51 岁及以上

2. 您的教龄为：

A. 5 年及以下

B. 6～10 年

C. 11～15 年

D. 16～20 年

E. 21 年及以上

3. 您所在学科专业为：________________

4. 您所属岗位类型为：

专任教师岗位：a. 教学为主系列　b. 教学科研系列

专职科研岗位：c. 基础研究系列　d. 工程技术系列　e. 科技成果转化系列

实验技术岗位：f. 实验教学系列　g. 实验研究系列

管理服务岗位：h. 教育管理系列　i. 其他专技系列(包括会计、编辑出版、医疗卫生及图书档案等类别)

第二部分

二、多选题

5. 根据国家相关文件，人才评价将强化代表作评价制度，提高对高质量成果的考核评价权重，您认为服务国防类岗位的代表作成果有哪些？

A. 在国家重大重点型号研制中担任职务

B. 承担国家国防重大工程项目

C. 主持国防领域项目有较高的累计到款金额

D. 研究成果如起草军标、工程项目规范、设计报告、试验报告等在国防领域被采纳

E. 研究成果获得国防相关部门的科技成果鉴定

F. 获得国防类重大奖项或重要人才称号

G. 其他

6. 您认为国防类行业特色高校的人才分类评价体系，应关注哪些方面？

A. 服务国家战略

B. 培养行业人才

C. 推进基础研究

D. 承接行业项目

E. 发表学术论文

F. 开展国际合作

G. 与军工科研院所交流合作

H. 其他

7. 国防类行业特色高校师资会因保密要求，研究成果不能对外公布或公布成果不得学校署名、不得在国际期刊上发表。这在各类评奖评优中很难体现实际工作量，严重影响教师工作积极性。以下哪些举措能够改善这一情况？

A. 专门设置国防类评审组

B. 在综合学科评审的评委构成中增加长期从事军工科研的专家的占比

C. 增设行业内专家的同行评议环节

D. 对服务国防的教师单设评审指标

E. 降低国际期刊等在考核评价中的权重

F. 对做出重大贡献或取得标志性成果的教师开设绿色通道

G. 其他

8. 您认为高校师资应具备哪些素质和能力？

A. 思想政治素质

B. 师德师风

C. 服务国家战略能力

D. 基础研究能力

E. 教学能力

F. 承接行业项目能力

G. 国际交流与合作能力

H. 行业实践能力

I. 学术论文发表能力

J. 其他

9. 您认为学校管理部门在服务师生方面是否存在以下问题？

A. 遇事推诿扯皮

B. 对师生关切的问题回应、解决不及时

C. "表多、会多、报告多"

D. 经常找不见人

E. 办事流程烦琐、工作效率不高

F. "门好进、脸好看、事难办"

G. 以上都不存在

三、六级量表题(单选)

10. 关于您所在高校现行的教师教学评价制度体系，请表明您的同意程度

A. 我所在高校真正把认真履行教育教学职责作为评价教师的基本要求，引导教师上好每一节课

□非常不同意 □不同意 □一般同意 □同意 □较为同意 □非常同意

B. 我所在高校真正把提升教师教学能力、促进教师专业发展作为评价目标

□非常不同意 □不同意 □一般同意 □同意 □较为同意 □非常同意

C. 我所在高校重视教师的教学投入并计入教学工作量

□非常不同意 □不同意 □一般同意 □同意 □较为同意 □非常同意

D. 我所在高校具有健全的教学激励制度，设立教育教学成果奖项

□非常不同意 □不同意 □一般同意 □同意 □较为同意 □非常同意

E. 我所在高校的教学激励制度与科研激励制度相匹配

□非常不同意　□不同意　□一般同意　□同意　□较为同意　□非常同意

11. 关于您所在高校的人才评价体系，请表明您的同意程度

A. 我满意所在学校现有的岗位考核和职称晋升体系

□非常不同意　□不同意　□一般同意　□同意　□较为同意　□非常同意

B. 我所在高校的岗位考核和职称晋升体系与大多数高校的做法基本一致

□非常不同意　□不同意　□一般同意　□同意　□较为同意　□非常同意

C. 我认为所在高校有必要设置专门的行业服务岗位

□非常不同意　□不同意　□一般同意　□同意　□较为同意　□非常同意

D. 如果所在高校设置了专门的行业服务岗位，我愿意调整岗位类型为行业服务岗

□非常不同意　□不同意　□一般同意　□同意　□较为同意　□非常同意

12. 关于您的工作积极性，请表明您的同意程度

A. 我更愿意投入时间在行业实践项目上

□非常不同意　□不同意　□一般同意　□同意　□较为同意　□非常同意

B. 我更愿意投入时间在基础研究和论文发表上

□非常不同意　□不同意　□一般同意　□同意　□较为同意　□非常同意

C. 我更愿意投入时间在科研项目上

□非常不同意　□不同意　□一般同意　□同意　□较为同意　□非常同意

D. 我愿意在学生培养过程中增加服务行业的内容

□非常不同意　□不同意　□一般同意　□同意　□较为同意　□非常同意

13. 关于您所在高校现行的科研评价制度体系，请表明您的同意程度

A. 我所在高校重视科学研究的原创性

□非常不同意　□不同意　□一般同意　□同意　□较为同意　□非常同意

B. 我所在高校的科研评价突出质量导向，重视科研成果的贡献性

□非常不同意　□不同意　□一般同意　□同意　□较为同意　□非常同意

C. 我所在高校的科研评价重视科研成果转化及实际应用

□非常不同意　□不同意　□一般同意　□同意　□较为同意　□非常同意

D. 我所在高校具有合理的科研团队考核评价激励机制

□非常不同意　□不同意　□一般同意　□同意　□较为同意　□非常同意

14. 关于您所在高校现行的管理评价制度，请表明您的同意程度

A. 我所在高校具有完善的行政管理人员评价制度

□非常不同意　□不同意　□一般同意　□同意　□较为同意　□非常同意

B. 我很满意所在高校管理服务类的奖励性绩效

□非常不同意 □不同意 □一般同意 □同意 □较为同意 □非常同意

15. 关于您所在高校现行的师德师风评价制度，请表明您的同意程度

A. 我很满意所在高校的教师荣誉表彰制度

□非常不同意 □不同意 □一般同意 □同意 □较为同意 □非常同意

B. 我很满意所在高校的师德失范制度体系

□非常不同意 □不同意 □一般同意 □同意 □较为同意 □非常同意

16. 关于您所在高校现行的教师教学评价参与主体，请表明您的同意程度

A. 我所在高校具有完善的多元主体评价机制

□非常不同意 □不同意 □一般同意 □同意 □较为同意 □非常同意

B. 学校非常重视教师教学的自我评价

□非常不同意 □不同意 □一般同意 □同意 □较为同意 □非常同意

C. 学校非常重视教师同行的教学评价

□非常不同意 □不同意 □一般同意 □同意 □较为同意 □非常同意

17. 关于不同评价主体教学评价结果的合理性，请表明您的同意程度

A. 学生能够真实客观地评价我的教学

□非常不同意 □不同意 □一般同意 □同意 □较为同意 □非常同意

B. 督导能够真实客观地评价我的教学

□非常不同意 □不同意 □一般同意 □同意 □较为同意 □非常同意

C. 同行能够真实客观地评价我的教学

□非常不同意 □不同意 □一般同意 □同意 □较为同意 □非常同意

18. 关于评价方式的运用，请表明您的同意程度

A. 我所在高校采取量化与质性相结合的评价方式

□非常不同意 □不同意 □一般同意 □同意 □较为同意 □非常同意

B. 我所在高校重视过程性评价

□非常不同意 □不同意 □一般同意 □同意 □较为同意 □非常同意

19. 关于评价结果的反馈及应用，请表明您的同意程度

A. 我所在高校能够及时将教师评价结果公布、反馈给教师

□非常不同意 □不同意 □一般同意 □同意 □较为同意 □非常同意

B. 我所在高校的教师评价结果公布的信息很全面

□非常不同意 □不同意 □一般同意 □同意 □较为同意 □非常同意

C. 我所在高校能够帮助教师合理运用评价结果，实现精准帮扶

□非常不同意 □不同意 □一般同意 □同意 □较为同意 □非常同意

D. 我所在高校的教师评价结果对提升学校教育质量有很大帮助

□非常不同意　□不同意　□一般同意　□同意　□较为同意　□非常同意

20. 关于高校教师评价指标体系，请表明您的同意程度

A. 我所在高校的教师评价指标体系能够体现差异性

□非常不同意　□不同意　□一般同意　□同意　□较为同意　□非常同意

B. 我所在高校的教师评价指标体系的操作性很强

□非常不同意　□不同意　□一般同意　□同意　□较为同意　□非常同意

C. 我所在高校的教师评价指标体系的时效性很强

□非常不同意　□不同意　□一般同意　□同意　□较为同意　□非常同意

21. 关于高校教师评价制度的制定，请表明您的同意程度

A. 我直接或间接参与过我所在高校的教师评价制度的制定

□非常不同意　□不同意　□一般同意　□同意　□较为同意　□非常同意

B. 我所在高校的教师评价制度的制定面向全校公开征集意见

□非常不同意　□不同意　□一般同意　□同意　□较为同意　□非常同意

四、其他

22. 您对所在学校现行教学评价体系满意吗？（单选）

A. 非常满意

B. 比较满意

C. 一般

D. 不太满意

E. 不满意

23. 您的教学科研工作精力投入比例：（滑动条）

0　20　40　60　80　100

24. 您认为还可以通过哪些途径完善和改进高校教师评价？（开放题）

“双一流”高校教师评价改革成效访谈提纲

一、背景信息

1. 您的学校属于哪一类型？（综合类、理工类、师范类、农林类、民族类）

2. 您的学科和职称？

3. 您的最终学位？

4. 您的年龄段？（30 岁以下、31～40 岁、41～50 岁、51 岁及以上）

二、基本问题

1. 当您得知教育部颁布《深化新时代教育评价改革总体方案》政策时，您有何想法？

2. 您认为《深化新时代教育评价改革总体方案》颁布后，对高校教师评价影响作用如何？是哪些原因阻碍了深化改革？

3. 您认为高校教师教学评价存在哪些不足？师德评价存在哪些不足？科研评价存在哪些不足？管理评价存在哪些不足？

4. 您对学校的评价体系是否满意？是否有利于您专业发展？

5. 您是否想过促进自己专业的发展？通过什么方式发展？

6. 您在教学与科研上是如何分配时间的？是否会思考如何提高自己的教学与科研能力？为什么？

7. 学校是否会对您开展教师培训？培训形式与内容是什么？效果如何？

8. 您对未来专业发展与职业规划有什么样的想法？

9. 如果学院或学校对教师的教学工作有激励性的要求，您觉得怎样为好？

10. 在您看来，对学生的教学评价怎样才是富有激励性的、能促进教学质量提高的？您对高校教师教学质量的考核，有哪些好的建议或方法？